Strickspaß mit BABYSOCKEN

Titel der Originalausgabe:
Vallattomat Vauvansukat

Anleitungen und Gedichte: Kikka Virolainen
Fotos: Ritva Tuomi
Layout und Gestaltung: Sini Nihtilä

Die Deutsche Bibliothek – CIP-Einheitsaufnahme.
Ein Titeldatenatz für diese Publikation ist bei der
Deutschen Bibliothek erhältlich

Stiebner Verlag GmbH
Hirtenweg 8 b
D-82031 Grünwald

www.stiebner.com

Übersetzung aus dem Finnischen:
Andrea Hauss-Honkanen
Satz und Redaktion der deutschen Ausgabe:
Karin Leonhart für bookwise GmbH, München

ISBN 978-3-8307-0992-3

Printed in Hungary

Dieser Titel ist auch als E-Book verfügbar (ISBN 978-3-8307-3030-9)

KIKKA VIROLAINEN

Strickspaß mit BABYSOCKEN

stiebner

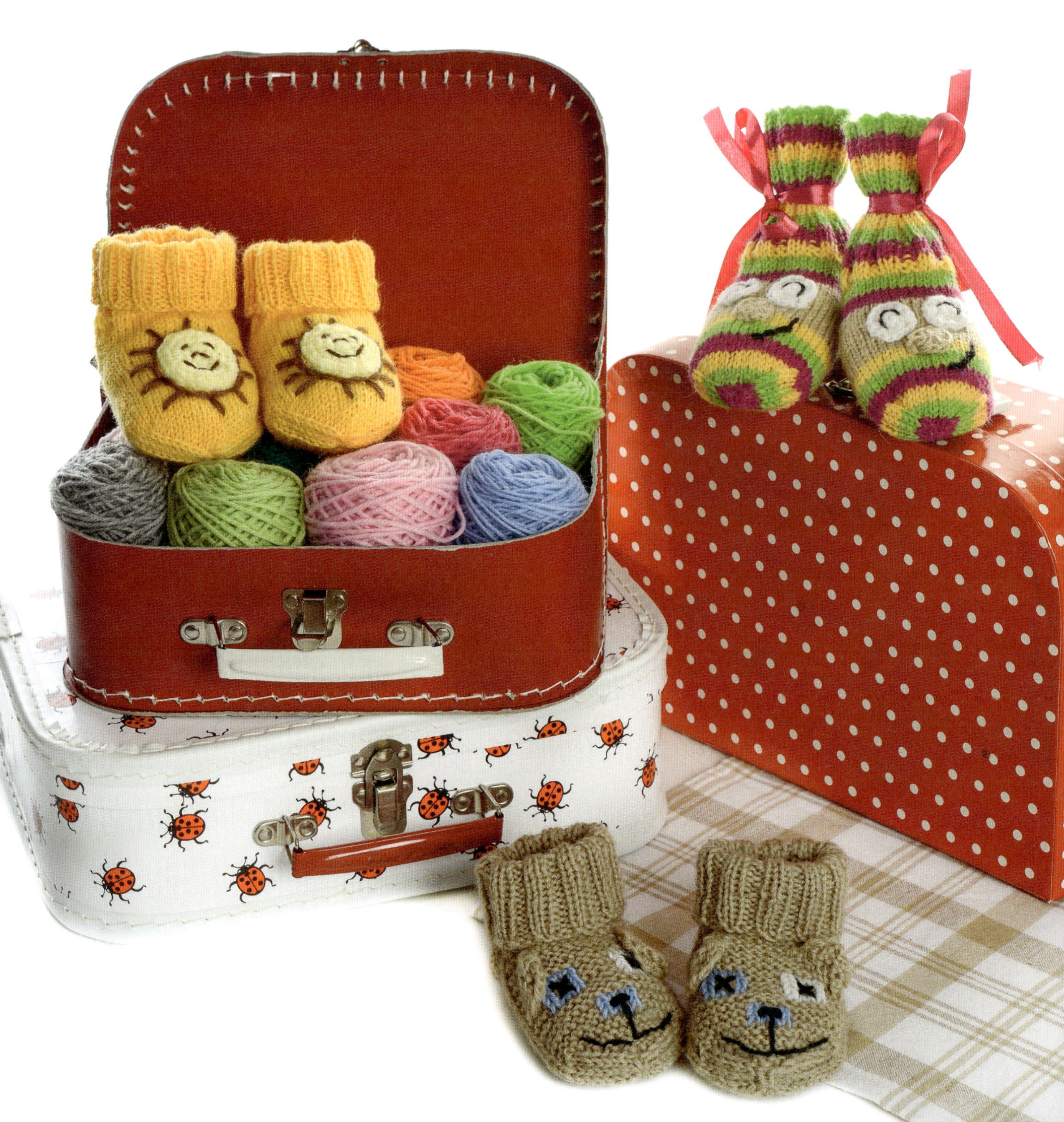

INHALT

ICH SAG ES DURCH SOCKEN, SCHMETTERLINGE UND BLUMEN

Schweinchensocken Kaninchensocken Pfefferkuchensocken Apfelsocken Flickenteppichsocken Waldsocken Autosocken Rallyesocken Lapplandsocken Saunasocken Traumsocken Engelsocken Zaubersocken Ostersocken Halloweensocken Bonbonsocken Valentinssocken Erste-Liebe-Socken Clownsocken Schneekristallsocken Ringsocken Zukunftssocken Seeräubersocken Wirrwarrsocken Insektensocken Larvensocken Wurstsocken Geburtstagssocken Sonnenblumensocken Tennissocken Gentlemansocken Prinzessinnensocken Wichtelsocken Raupensocken Geistersocken Wurmsocken Spuksocken Blumensocken Peinliche Socken Gänseblümchensocken Mamasocken Papasocken Taufsocken Fischersocken Totenkopfsocken Heavysocken Finnlandsocken Eishockeysocken Bienensocken Brautführersocken Brautjungfersocken Brautpaarsocken Bräutigamsocken Brautsocken Großmuttersocken Großvatersocken Ich-selber-Socken Langsocken Muckesocken Kurzsocken Schmollsocken Verkehrt-herum-Socken Schokosocken Fußballsocken Schulabschlusssocken Sommerhaussocken Verliebte Socken Frostsocken Verlobungssocken Jägersocken Teddysocken Entensocken Schnurrbartsocken Herzsocken Erdbeersocken Schneemannsocken Igelsocken Pandasocken Weihnachtssocken Marienkäfersocken Pinguinsocken Lämmchensocken Schneckensocken Rentiersocken Schmetterlingsocken Kürbissocken Indianersocken Katzensocken Hundesocken Gartensocken Sonnensocken Hortsocken Schulsocken Smileysocken Wintersocken Frühlingssocken Sommersocken Herbstsocken Ballettsocken Prinzensocken Geschenksocken Schlangensocken Hexensocken Muttersocken Vatersocken Garnrestesocken Konfirmandensocken Mondscheinsocken Lachende Socken Birkenblattsocken Karottensocken Haben-will!-Socken Krawattensocken Räubersocken Polizeisocken Blitzsocken Muttertagssocken Regensocken Eiskremsocken ABC-Socken Luftballonsocken Feriensocken Jobsocken Rocksocken Vatertagssocken Volleyballsocken Spielsocken Singlesocken Junggesellensocken Trennungssocken Sternsocken Partysocken Mittsommersocken Märchensocken

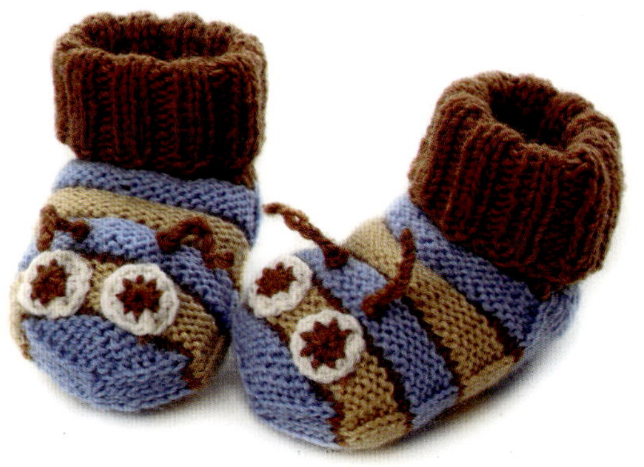

AUS IDEEN WERDEN SOCKEN, SOCKEN WERDEN GEDICHTE

Ich mochte Garne schon immer. Ich mag die herrlichen Farben, die verschiedenen Farbtöne und die Kombinationen. Ich mag es, wie sie sich in meiner Hand anfühlen. Ich stricke auch sehr gern. Ich mag das Klappern der Nadeln und wie das Garn durch meine Hände gleitet und dabei zu einem Strickstück wird. Ich mag es, wenn ich mich in meinen Sessel setze und ein neues Paar Socken beginne. Die Seele baumeln lassen und für einen Augenblick alles andere vergessen. Beim Stricken dies und das durch den Kopf gehen lassen und meinen Gedanken nachhängen. Mal denke ich über die Socken nach, mal verbessere ich die Welt. Dann fallen mir ein paar Gedichtzeilen ein. Ein anderes Mal beschäftige ich mich ausführlich mit dem vorliegenden Sockenmodell. Beim Stricken bemerke ich, dass die Sockenthemen mit meinem Leben verknüpft sind. Es sind Erinnerungen aus meiner Kindheit und Jugend und an mein jetziges Leben, meine Kinder und das Dasein als Großmutter – an das Leben im Allgemeinen. Wenn die letzte Masche gestrickt ist, bin ich zufrieden. Zum Abschluss schreibe ich zu den Socken kleine Gedichte über das Leben zu jener Zeit, bevor die Socken entstanden sind.

Ich hoffe, dass mein Buch eine Quelle der Inspirationen, Ideen und Freude ist für alle, die gern stricken. Lassen Sie Ihrer Kreativität freien Lauf und kreieren Sie etwas völlig Neues. Sockenstricken macht einen Riesenspaß!

KIKKA

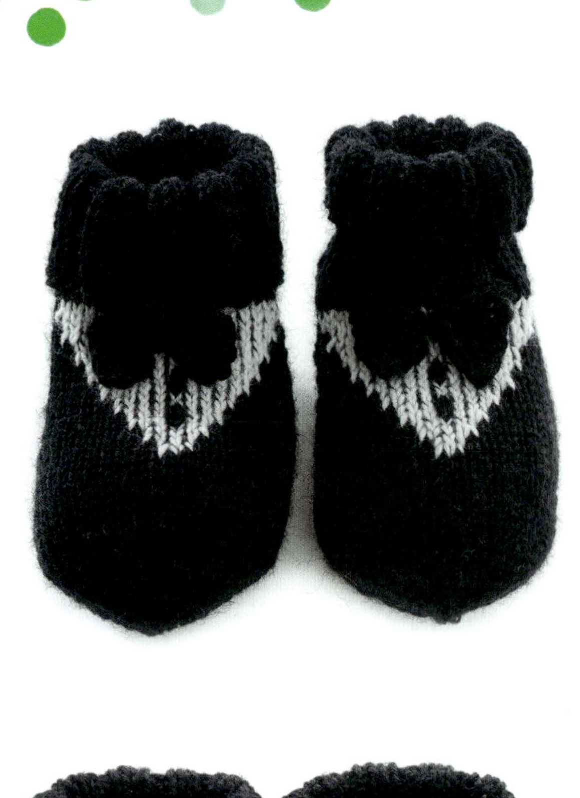

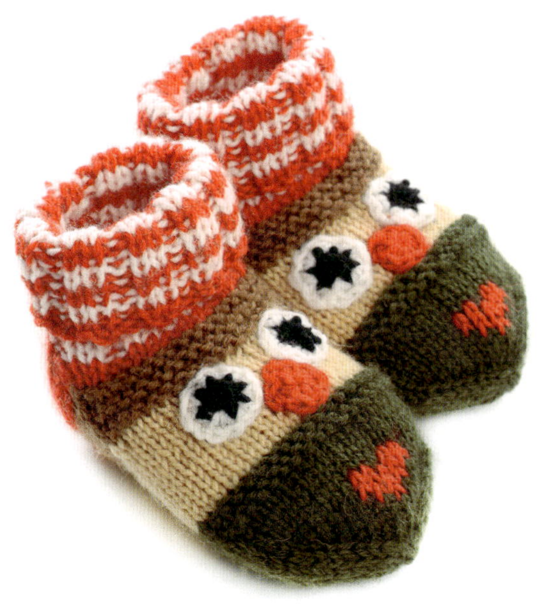

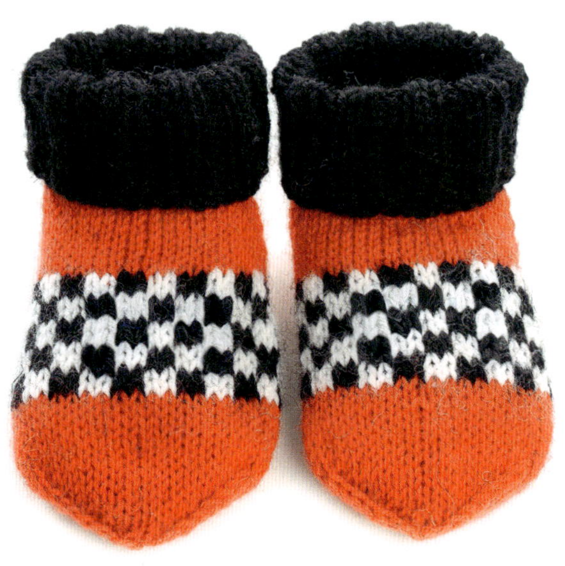

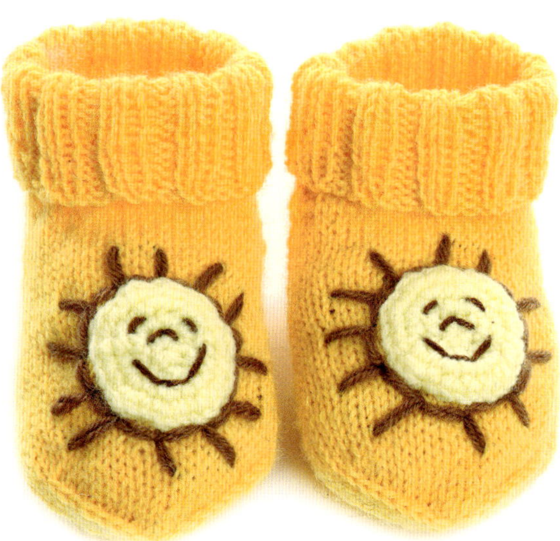

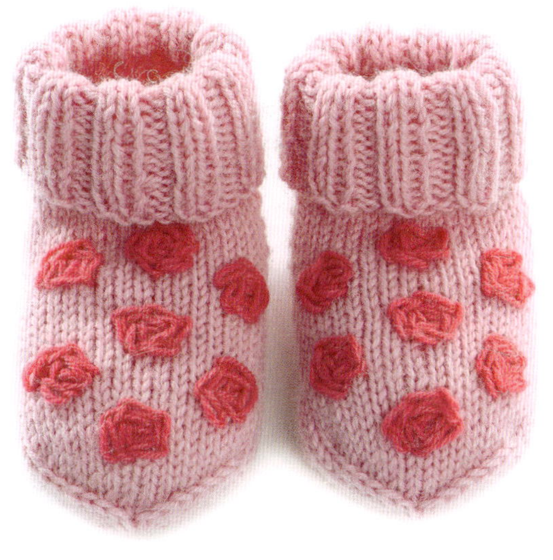

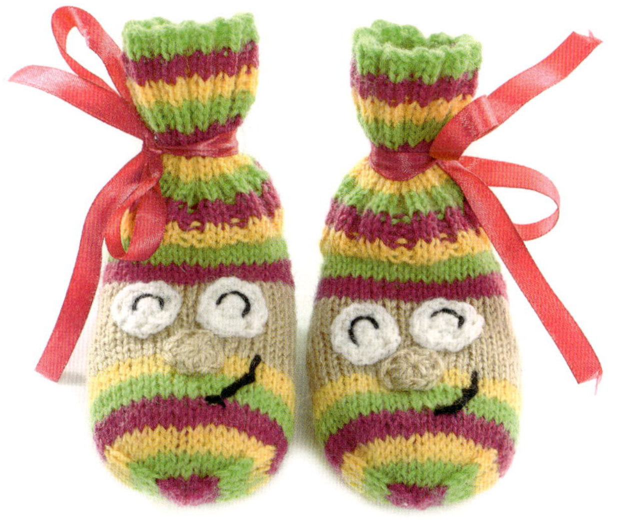

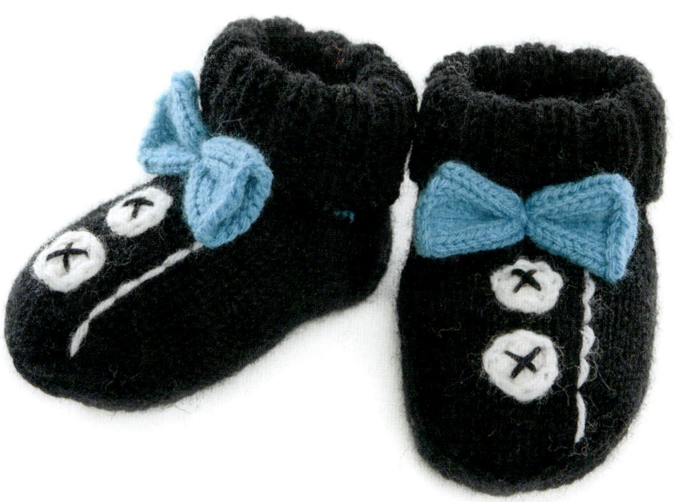

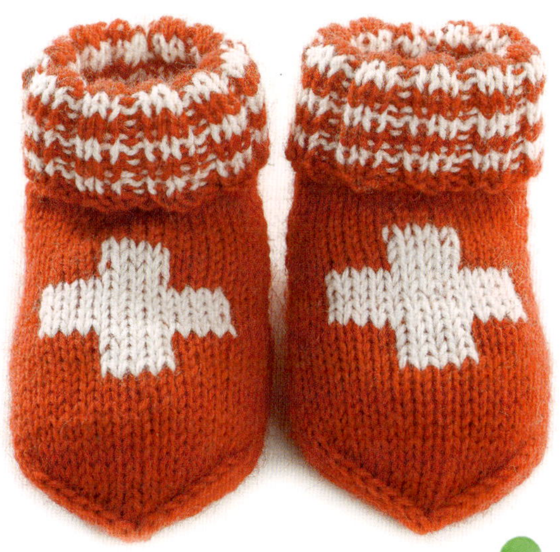

BEVOR ES LOSGEHT

Für dieses Buch ist es von Vorteil, wenn Sie mit der Sockentechnik vertraut sind. Alle Modelle in diesem Buch basieren auf einer Grundanleitung, die je nach Projekt mal mehr, mal weniger abgeändert wurde. Wenn Ihnen einfache Socken keine Schwierigkeiten bereiten und Sie noch dazu Grundkenntnisse im Häkeln haben, können Sie die vorgestellten Babysocken problemlos nacharbeiten.

Manche Modelle sind schnell und einfach anzufertigen, andere sind etwas anspruchsvoller, machen jedoch auch mehr her, wenn sie fertig sind. Einzelne Elemente aus den Anleitungen lassen sich zu neuen, eigenen Modellen kombinieren bzw. untereinander austauschen.

Bevor Sie loslegen, lesen Sie bitte die folgenden Seiten durch, um sich mit den Anleitungen und Abkürzungen vertraut zu machen.

GARNE

Für die meisten Projekte habe ich Novita Nalle oder alternativ Superwash-Garne mit einer Lauflänge von ca. 130 m/50 g verwendet. Achten Sie darauf, dass das Garn Ihrer Wahl eine breite Farbpalette für die verschiedenen Modelle bietet. Manchmal werden unterschiedliche Garnqualitäten zusammen verwendet, die gut kombinierbar sind, da ihre Stärke, Qualität und Pflege gleich sind. Sie können auch ausschließlich mit Babygarnen arbeiten. Garn für Wollallergiker sollte maschinenwaschbar und als allergietauglich ausgewiesen sein.

SONSTIGES ZUBEHÖR

Zusätzlich zu den Garnen brauchen Sie ein Nadelspiel, eine Häkelnadel, eine Nähnadel, ein Maßband und eine Schere. In den Anleitungen dieses Buches empfehle ich Nadeln Nr. 3. Falls Sie sehr locker stricken, nehmen Sie Nadeln Nr. 2,5. Stricken Sie sehr fest, arbeiten Sie mit Nadeln Nr. 3,5. Richten Sie sich beim Stricken nach Anleitung immer nach den Zentimeterangaben.

ANLEITUNGEN

Eine Grundanleitung für Socken finden Sie im folgenden Kapitel. In den Anleitungen zu den einzelnen Projekten werden diese Grundtechniken nicht mehr extra erklärt. Wenn Sie also unsicher sind, schauen Sie einfach in der Grundanleitung auf Seite 12 nach.

Die individuelle Ausarbeitung jedes Modells wird detailliert erklärt. Ein Tipp: Lassen Sie bei den Elementen, wie etwa Augen, ein langes Fadenende stehen. Das können Sie zum Annähen nutzen. So haben Sie später weniger Arbeit beim Vernähen.

Der Schaft ist bei allen Modellen ein 8 cm langes Rippenbündchen. Nach Belieben können Sie es auch länger stricken. Je länger das Bündchen, desto besser halten die Socken am Fuß. Auf den Fotos ist der Schaft umgeschlagen, man kann ihn aber auch ohne Umschlag lassen. In diesem Fall müssen Sie beim Häkeln oder Stricken von Verzierungen am Schaftrand umdenken: Diese sollten mit der rechten Seite auf der Außenseite der Socken zu sehen sein, wenn der Schaft nicht umgeschlagen wird.

Bevor Sie mit dem Stricken beginnen, lesen Sie bitte die ganze Anleitung des betreffenden Modells aufmerksam durch.

PFLEGEHINWEISE

Die Babysocken vertragen Maschinenwäsche bis 40 Grad. Die Augen und Nasen, sofern sie gut befestigt sind, halten das aus, ebenso die gestickten Ziersticke. Trotzdem empfehle ich Ihnen, die Socken im Schon- oder im Wollwaschgang bei 30 Grad oder von Hand zu waschen. So halten sie länger und bleiben besser in Form. Pflegehinweise finden Sie bei jedem Garn auch auf der Banderole.

AUFSTICKEN VON MASCHEN

Ein Strickstück kann verziert werden, indem man die fertig gestrickte Oberfläche bestickt. Dazu eignen sich Stiche, die wie Maschen aussehen und entweder waagerecht oder senkrecht auf die gestrickte Oberfläche gestickt werden. In den Anleitungen finden Sie entsprechende Stickmuster.

Ein Tipp: Wenn Sie zum Beispiel mit dem Aufsticken eines Herzens beginnen, drehen Sie die Socke so, dass die Fußspitze der Socke von Ihnen weg zeigt. So sehen Sie die Maschen der Socke richtig herum, also so, wie sie gestrickt wurden, und das Herz ist leichter aufzusticken. Drehen Sie das Buch ebenfalls herum, sodass das Zählmuster vor Ihnen auf dem Kopf steht. Beginnen Sie mit dem Sticken an der unteren Kante des Zählmusters und fahren Sie von rechts nach links fort in Richtung obere Kante (Richtung Herzspitze), bis das Herz fertig ist. Diese Vorgehensweise erleichtert Ihnen das Aufsticken und ergibt ein schönes Resultat.

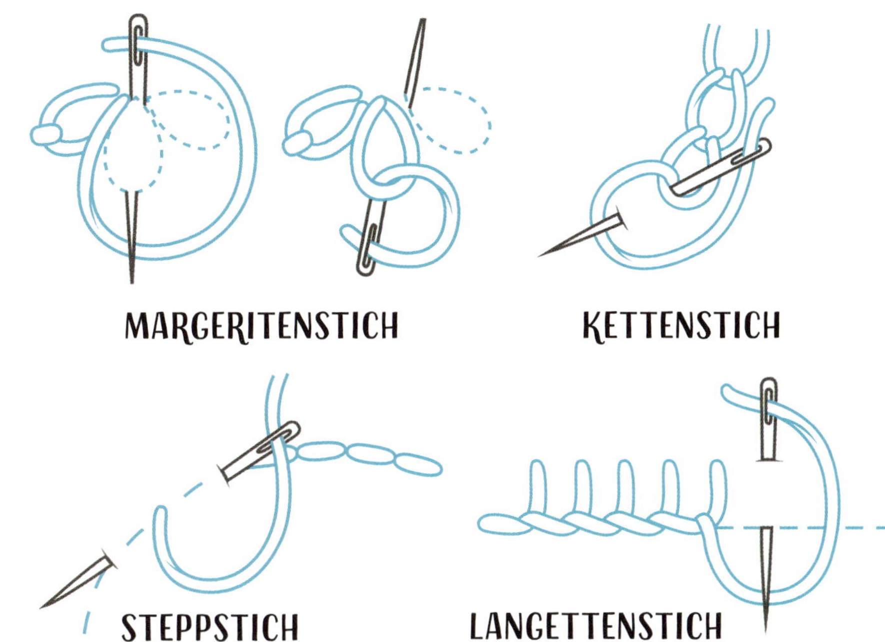

STICKSTICHE

Für die Verzierung der Socken brauchen Sie folgende Grundstiche: Steppstich, Kettenstich, Margeritenstich und Langettenstich. Die Steppstiche in die Mitte der Maschen sticken, nicht zwischen die Maschen, damit die Stiche nicht im Gestrick versinken. Kettenstiche sind Kettenmaschen, die auf die Socken gestickt werden. Margeritenstiche sind einzelne Kettenstiche, deren Schlaufe am oberen Rand mit einem kleinen Stich fixiert wird, damit der Kettenstich sich nicht löst. Und einfache Langettenstiche haben Sie bestimmt im Handarbeitsunterricht in der Schule gelernt.

AUSSERDEM WICHTIG

Achten Sie darauf, Augen, Nasen und sonstige Elemente gut festzunähen, damit sie sich beim Tragen und Waschen nicht lösen. Ich habe diese Extras bei allen Sockenmodellen dieses Buches rundum mit festen Stichen angenäht. Den Faden nicht zu fest anziehen. Alle Fadenenden sorgfältig vernähen.

GRUNDANLEITUNG

GRÖSSE

- Die Socken haben Größe 19–20 (inkl. Zugabe von 1 cm) und passen Babys im Alter von 6–12 Monaten. Sie können die Größe an den Fuß anpassen, indem Sie direkt vor den Abnahmen für die Fußspitze mehr oder weniger Reihen für den Fußteil stricken. Zum Beispiel beträgt die fertige Sockenlänge für ein 12–18 Monate altes Baby von der Ferse bis zur Spitze 14,5 cm. Die Sockengröße kann zum Teil auch durch die Stärke der verwendeten Stricknadeln reguliert werden.

NADELN UND MASCHENPROBE

- Nadelspiel Nr. 3 oder 2,5/3,5, wenn Sie locker/fest stricken
- Maschenprobe mit Nd Nr. 3: 25 M und 35 R = 10 x 10 cm

GARNE

- Novita Nalle oder ähnliches Garn, Lauflänge ca. 130 m/50 g

GARNVERBRAUCH

- Für 1 Sockenpaar nach Grundanleitung benötigen Sie ca. 35 g Garn.

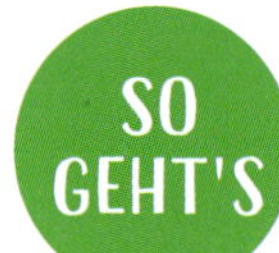

40 M anschlagen und gleichmäßig auf 4 Nd verteilen. Zur Runde schließen. 26 Rd (8 cm) im Rippenmuster (2 M re, 2 M li) stricken. Der Rd-Anfang liegt in der rückwärtigen Mitte zwischen 1. und 4. Nd.

Eine (verstärkte) Ferse arbeiten (siehe S. 14). Zuerst wird die Fersenwand gestrickt. Dazu die M der 1. und 4. Nd auf eine Nadel schieben (= 20 M). Die M der 2. und 3. Nd ruhen lassen. Für die Fersenwand 20 R glatt re stricken. Am Rand der Fersenwand entstehen dabei 10 Rand-M.

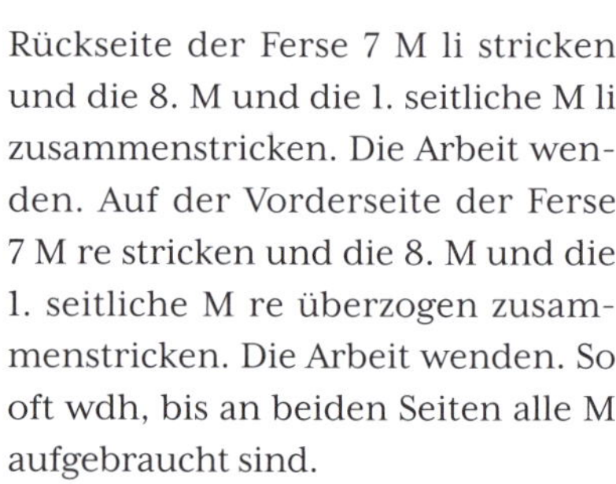

Für die Käppchenabnahmen die M für das Käppchen in drei Teile aufteilen (6-8-6). Bei den Abnahmen wird nur über die 8 mittleren M gestrickt, die 6 seitlichen M werden abwechselnd an den beiden Rändern abgenommen. Beim Stricken der mittleren 8 M jeweils die 1. M abheben, ohne sie zu stricken, und bei der 8. M die Abnahme vornehmen. Auf der Vorderseite der Ferse in der 1. R zunächst die 6 seitlichen M re und danach 7 der mittleren M ebenfalls re stricken. Die 8. M und die 1. seitliche M re überzogen zusammenstricken. Die Arbeit wenden. Auf der Rückseite der Ferse 7 M li stricken und die 8. M und die 1. seitliche M li zusammenstricken. Die Arbeit wenden. Auf der Vorderseite der Ferse 7 M re stricken und die 8. M und die 1. seitliche M re überzogen zusammenstricken. Die Arbeit wenden. So oft wdh, bis an beiden Seiten alle M aufgebraucht sind.

Am rechten Rand der Fersenwand mit einer freien Nadel 1 M zwischen den Nadeln und 10 M aus den Rand-M aufnehmen, dann die 4 äußeren Käppchen-M auf dieselbe Nadel schieben = 15 M. Das Gleiche am linken Rand der Fersenwand mit einer anderen Nadel wdh. Wieder mit allen 4 Nd glatt re weiterstricken und dabei für den Zwickel abnehmen. In der 1. Rd die vom Rand der Fersenwand aufgenommenen M re verschränkt stricken. *Am Ende der 1. Nd 2 M re zusammenstricken, am Anfang der 4. Nd 2 M re überzogen zusammenstricken. 1 Rd ohne Abnahmen stricken.* Von * bis * wdh, bis auf jeder Nadel wieder 10 M übrig sind.

Insgesamt 28 Rd glatt re stricken bzw. bis der Fußteil inkl. Ferse 11 cm lang ist. Die Runden mit den Zwickelabnahmen werden bei der Länge des glatt re gestrickten Fußteils vor den Spitzenabnahmen mitgezählt.

Für die Spitze Bandabnahmen ohne Zwischenrunden arbeiten. *Am Ende der 1. Nd, wenn 3 M übrig sind, 2 M re zusammenstricken und 1 M re stricken, am Anfang der 2. Nd 1 M re stricken und 2 M re überzogen zusammenstricken. Die restlichen M re stricken. Am Ende der 3. Nd 2 M re zusammenstricken und 1 M re, am Anfang der 4. Nd 1 M re und 2 M re überzogen zusammenstricken.* Von * bis * wdh, bis auf jeder Nadel noch 2 M übrig sind. Den Faden abschneiden und durch die M ziehen. Die fertige Länge von der Ferse bis zur Spitze beträgt 13 cm.

Alle Fäden vernähen. Die 2. Socke genauso stricken.

AUGEN

SIE BRAUCHEN

- Häkelnadel Nr. 2,5
- Novita Nalle oder ähnliches Garn in Schwarz oder Braun und Weiß

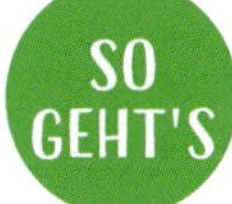

Mit dunklem Faden 8 fM in einen Fadenring häkeln. Zu Weiß wechseln, in der nächsten Rd 2 fM in jede fM der Vorrunde häkeln = 16 fM. Die Rd mit einer Km schließen und ein langes Fadenende zum Annähen des Auges hängen lassen. Die anderen Fadenenden auf der Rückseite vernähen. Das Auge mit dem langen Fadenende rundum fest auf die Socke nähen. Für ein Sockenpaar benötigen Sie insgesamt 4 Augen.

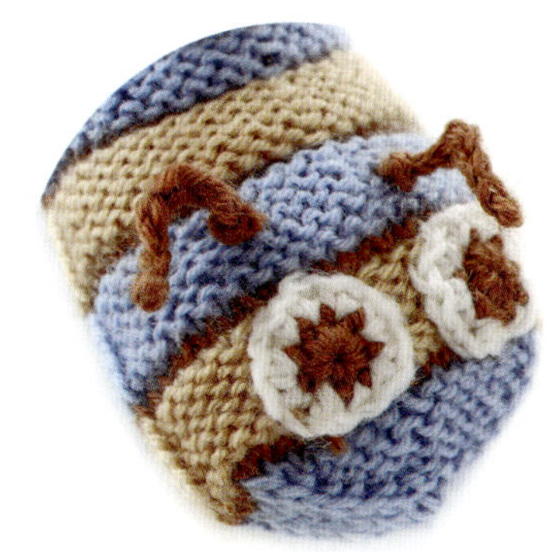

NASEN

SIE BRAUCHEN

- Häkelnadel Nr 2,5
- Novita Nalle oder ähnliches Garn in passender Farbe

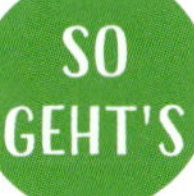

Mit einem Faden in passender Farbe 14 hStb in einen Fadenring häkeln. Die Rd mit einer Km schließen und ein langes Fadenende zum Annähen der Nase hängen lassen. Das andere Fadenende auf der Rückseite vernähen. Die Nase mit dem langen Fadenende rundum fest auf die Socke nähen. Für ein Sockenpaar benötigen Sie insgesamt 2 Nasen.

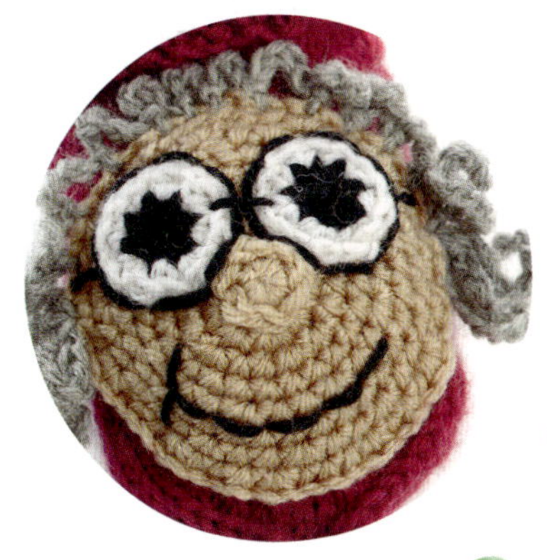

FACHBEGRIFFE

KRAUS RECHTS

Beim Stricken in Runden wird jede 2. Rd re und jede 2. Rd li gestrickt. Bei den Socken in diesem Buch wird auf der Sockenoberseite oft kraus re gestrickt (mit der 2. und 3. Nd).

Beim Stricken in Reihen wird jede R re gestrickt.

RIPPENMUSTER

* 2 M re, 2 M li *, von * bis * fortlaufend wdh.

HALBPATENT

In der Hin-R jede 2. M abheben, ohne sie zu stricken (Faden hinter der Arbeit), und jede 2. M re stricken. Die 1. M auf der Nadel immer abheben und die letzte M stricken. In der Rück-R alle M li stricken.

VERSTÄRKTE FERSE

Eine verstärkte Ferse im Halbpatent stricken. Zuerst die Fersenwand arbeiten: Die M der 1. und 4. Nd auf eine Nadel nehmen (= 20 M), die M der 2. und 3. Nd ruhen lassen. 1 Rück-R li (= 20 M). Wenden, jetzt mit der Fersenwand beginnen: In der Hin-R jede 2. M abheben (Faden hinter der Arbeit), jede 2. M re stricken. Immer die 1. M auf der Nadel abheben und die letzte M stricken. In der Rück-R alle M li stricken. 21 R im Halbpatent stricken. Am Rand der Fersenwand entstehen so 10 Rand-M. Danach mit den Abnahmen für das Käppchen beginnen. Die M für das Käppchen zunächst in 3 Teile aufteilen (6-8-6). Bei den Abnahmen für das Käppchen werden die 8 mittleren M im Halbpatent gestrickt und die 6 seitlichen M abwechselnd an den beiden Rändern abgenommen. Beim Stricken der mittleren 8 M jeweils die 1. M abheben, ohne sie zu stricken, und am Ende die Abnahme vornehmen. Auf der Vorderseite der Ferse in der 1. R zunächst die 6 seitlichen M im Halbpatent und danach 7 der mittleren M ebenfalls im Halbpatent stricken. Die 8. M und die 1. seitliche M re überzogen zusammenstricken. Die Arbeit wenden. Auf der Rückseite der Ferse 7 M li stricken und die 8. M und die 1. seitliche M li zusammenstricken. Die Arbeit wenden. Auf der Vorderseite der Ferse 7 M im Halbpatent stricken und die 8. M und die 1. seitliche M rechts überzogen zusammenstricken. Die Arbeit wenden. So oft wdh, bis an beiden Seiten alle M aufgebraucht sind.

KÄPPCHENABNAHMEN

Die M für das Käppchen in drei Teile aufteilen (6-8-6): Die mittleren M bilden den Boden der Ferse und die Seitenmaschen werden durch Abnahmen aufgebraucht.

ZWICKELABNAHMEN

Beim Zwickel nimmt man die überzähligen M nach dem Arbeiten der Ferse ab. Am Ende der 1. Nd 2 M re zusammenstricken und am Anfang der 4. Nd 2 M re überzogen zusammenstricken. Die nächste Rd ohne Abnahmen stricken. Diese beiden Rd oft wdh, bis auf jeder Nadel wieder nur 10 M sind. Die Rd mit den Zwickelabnahmen werden bei der Länge des glatt re gestrickten Fußteils vor den Spitzenabnahmen mitgezählt.

SPITZENABNAHMEN

Durch diese Abnahmen entsteht die Sockenspitze. Bei den Modellen in diesem Buch werden die Sockenspitzen als Bandabnahmen ohne Zwischenrunden gestrickt. Am Ende der 1. Nd, wenn 3 M übrig sind, 2 M re zusammenstricken und 1 M re stricken, am Anfang der 2. Nd 1 M re stricken und 2 M re überzogen zusammenstricken. Am Ende der 3. Nd, wenn 3 M übrig sind, 2 M re zusammenstricken und 1 M re stricken, am Anfang der 4. Nd 1 M re und 2 M re überzogen zusammenstricken. Die restlichen M re stricken. Die Abnahmen ohne Zwischenrunden wdh, bis auf jeder Nadel noch 2 M übrig sind.

RECHTS ÜBERZOGEN ZUSAMMENSTRICKEN

1 M abnehmen (einfacher Überzug): Die 1. M re abheben, ohne sie zu stricken, die folgende M re stricken und die abgehobene M über die gestrickte M ziehen (= nach links geneigte Abnahme).

Für eine nach rechts geneigte Abnahme 2 M re zusammenstricken.

NUMMERIERUNG NADEL

Mit der 1. und 4. Nd werden die hintere Seite und die Fußsohle gestrickt, mit der 2. und 3. Nd die vordere Seite und der Fußrücken. Der Rundenanfang liegt in der rückwärtigen Mitte zwischen der 1. und 4. Nd.

ABKÜRZUNGEN STRICKEN

re = rechts, rechte Masche(n)
li = links, linke Masche(n)
R = Reihe(n)
Rd = Runde(n)
M = Masche(n)
Nd = Nadel(n)
wdh = wiederholen

ABKÜRZUNGEN HÄKELN

Lm = Luftmasche(n)
Km = Kettmasche(n)
fM = feste Masche(n)
hStb = halbes Stäbchen
Stb = Stäbchen
wdh = wiederholen
Fadenring (Magic Ring) = Beginn der Häkelarbeit direkt in einen Fadenring, damit keine Löcher entstehen, z. B. beim Häkeln der Augen. Das Häkeln eines Fadenrings wird in den Anleitungen gesondert erwähnt.

OBERFLÄCHENHÄKELN

Das Häkeln mit Km durch eine gehäkelte oder gestrickte Oberfläche hindurch: Den Faden beim Häkeln auf der Rückseite der Arbeit führen. Am Faden eine Lm-Schlinge machen. Die Häkelnadel durch die Arbeit auf die Rückseite an der Stelle stechen, an der die Oberflächenhäkelei beginnen soll. Die Lm-Schlinge auf die Nadel aufnehmen und die Schlinge durch die Arbeit auf die Vorderseite ziehen, jedoch den Knoten auf der Rückseite lassen. So entsteht die 1. Km. *Die Häkelnadel an der nächsten Stelle wieder durch die Arbeit stechen. Den Faden auf die Nadel holen und durch die Arbeit und die M auf der Nd auf die Vorderseite holen. So entsteht die 2. Km.* Von * bis * wdh, bis die Häkelei fertig ist. Den Faden abschneiden und den Restfaden durch die Arbeit und durch die letzte Km auf der Nd zunächst auf die Vorderseite ziehen. Danach den Restfaden mit der Nd neben der M zurück auf die Rückseite ziehen und vernähen.

AUFSTICKEN VON MASCHEN

Manche Socken werden verziert, indem Maschen auf der gestrickten Oberfläche mit Nadel und Faden aufgestickt werden.

STICKSTICHE

Grundstiche zur Fertigstellung einiger Socken: Steppstich, Kettenstich, Margeritenstich und Langettenstich. Diese werden mit Nadel und Faden aufgestickt.

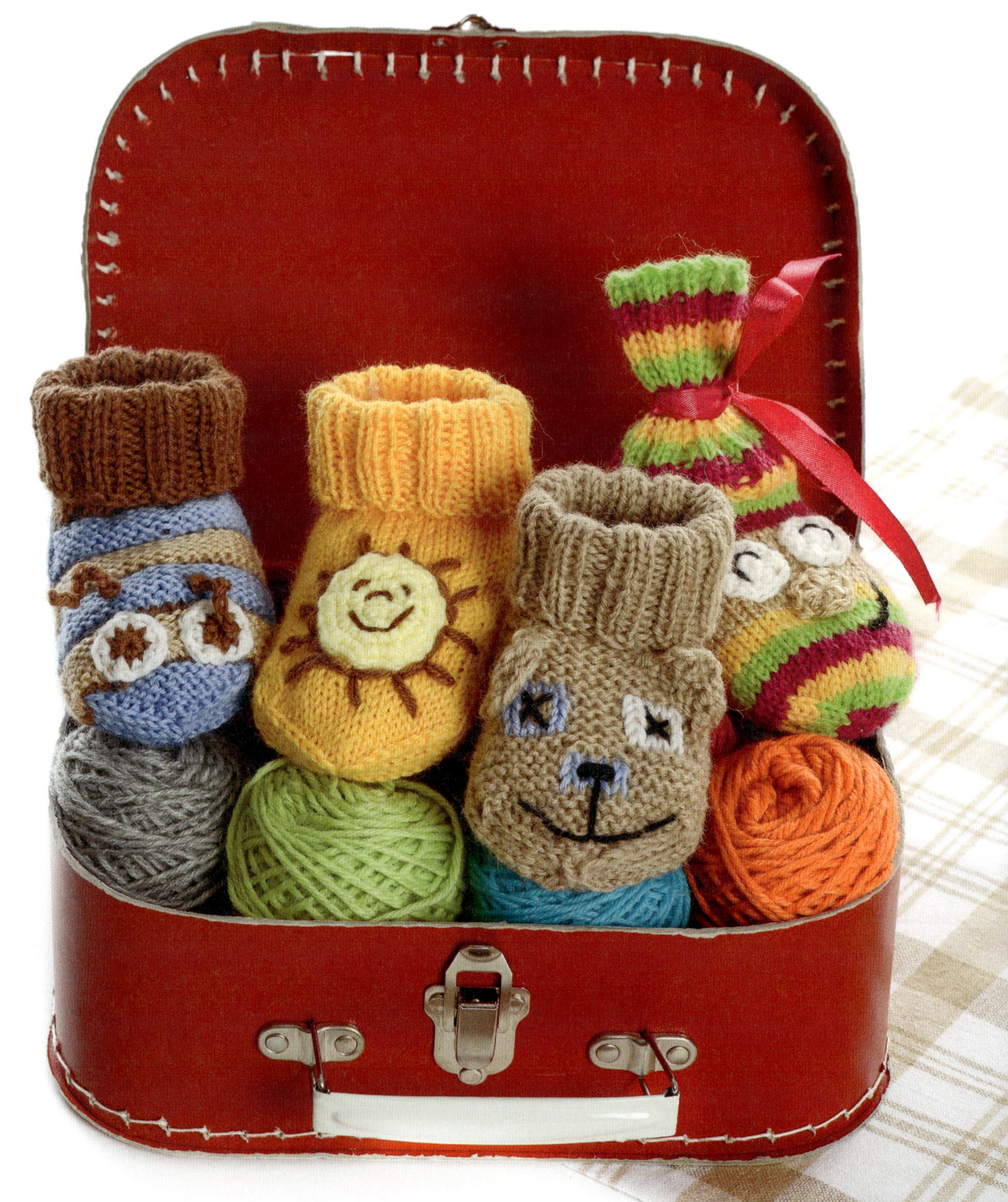

Ich stricke, häkle, sticke, nähe
eine Masche nach der andern.
Und noch eh ich's mich versehe,
ist ein Sockenpaar entstanden.
Die schönsten Socken hab ich hier
in diesem Büchlein aufgeschrieben.
Die schlechten hab ich aussortiert,
nur die besten sind geblieben.

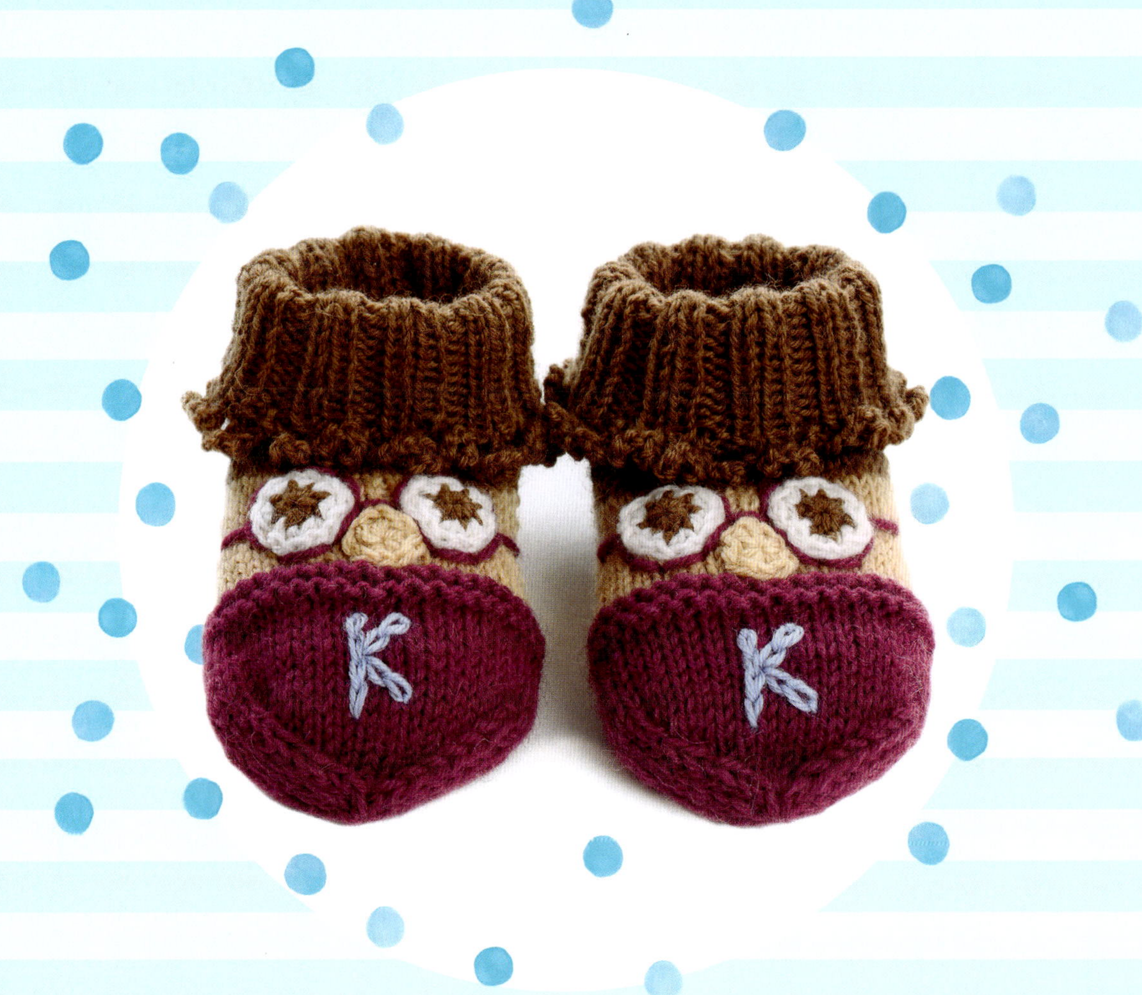

Erinnerungen aus der Kindheit, von draußen und drinnen, zu jeder Jahreszeit.

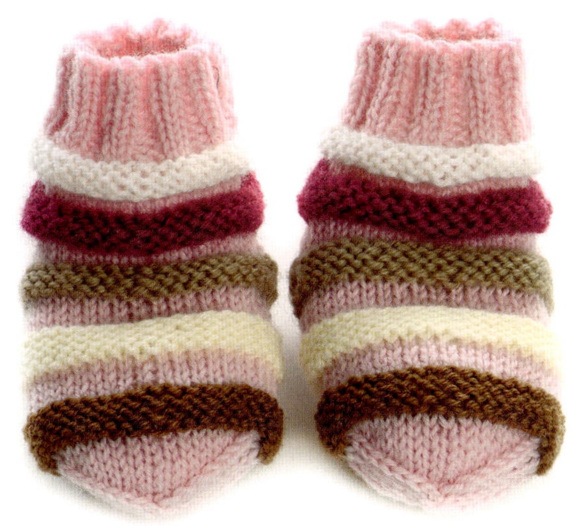

Geburtstagssocken
Wurstsocken
Haben-will!-Socken
Schmollsocken
Raupensocken
Kitasocken
Schneemannsocken

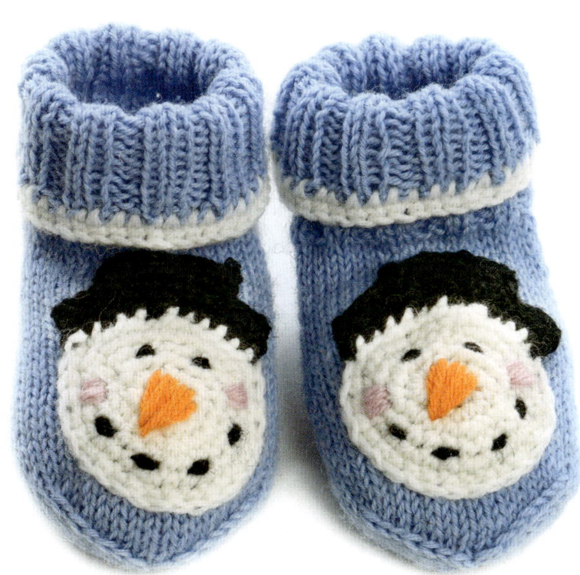

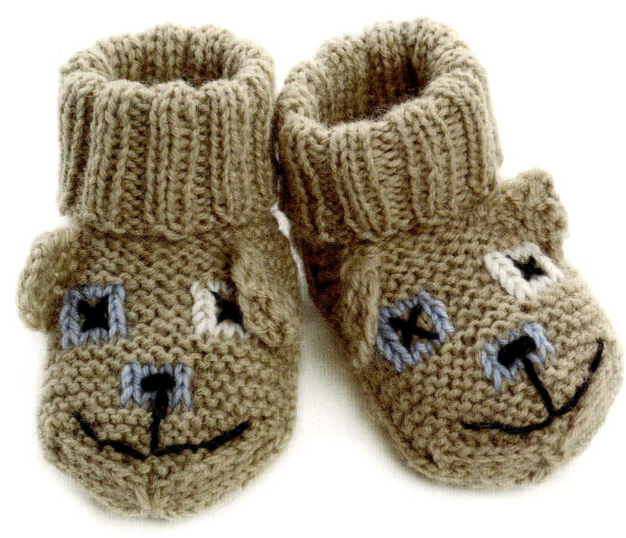

Geburtstagssocken

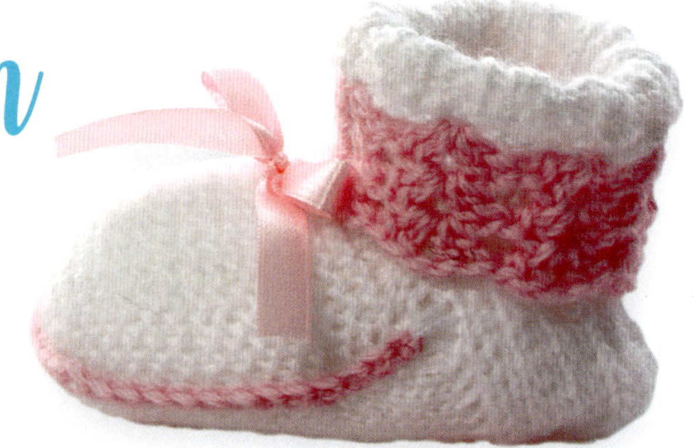

SIE BRAUCHEN

- Nadelspiel Nr. 3, Häkelnadel Nr. 2,5 und Nähnadel
- Novita Nalle in Weiß und Novita Ipana oder ein ähnliches Garn in Rosa
- Satinband in Rosa

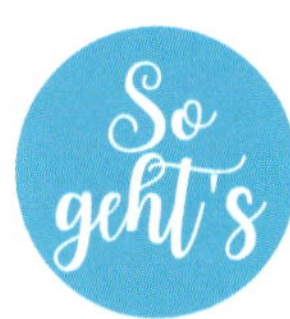

Weiße Socken: 40 M in Weiß anschlagen und auf 4 Nd des Nadelspiels gleichmäßig verteilen. Zur Runde schließen. 26 Rd (8 cm) im Rippenmuster (2 M re, 2 M li) stricken.

Eine (verstärkte) Ferse arbeiten, die Fersenmaschen für das Käppchen in drei Teile aufteilen (6-8-6).

Die Abnahmen für den Zwickel arbeiten. Dabei auf der Sockenoberseite mit der 2. und 3. Nd kraus re und auf der Sockenunterseite mit der 1. und 4. Nd glatt re stricken. Auf der Sockenoberseite mit der 2. und 3. Nd weiter kraus re bis zur Sockenspitze stricken. So insgesamt 28 Rd stricken bzw. bis der Fußteil inkl. Ferse 11 cm lang ist.

Die Abnahmen an der Spitze als Bandabnahmen ohne Zwischenrunden arbeiten. Die Länge von der Ferse bis zur Spitze beträgt 13 cm. Alle Fadenenden vernähen. Die 2. Socke genauso stricken.

SEITENSTREIFEN

Seitenstreifen in Rosa: Die Socke so falten, dass Oberteil und Sohle aufeinander liegen. So lässt sich der Seitenstreifen leichter häkeln. Am Übergang zwischen dem kraus re und dem glatt re gestrickten Teil über die Spitze bis auf die andere Seite 1 Rd fM häkeln. An die andere Socke ebenso einen Seitenstreifen häkeln. Alle Fadenenden vernähen.

SPITZENBORTE

An die obere Kante des Schafts eine Spitzenborte in Rosa häkeln: *2 Stb, 2 Lm, 2 Stb in dieselbe M an der oberen Kante des Bündchens, 3 M überspringen*. Von * bis * 10x wdh und die Rd mit 1 Km schließen. In der nächsten Rd bis zum Lm-Bogen Km arbeiten und *2 Stb, 2 Lm und 2 Stb in denselben Lm-Bogen häkeln.* Von * bis * 10x wdh und die Rd mit 1 Km schließen. Die letzte Rd genauso häkeln. Auf Wunsch noch ein paar zusätzliche Rd häkeln. Alle Fadenenden vernähen.

FERTIGSTELLUNG

Aus dem Satinband 2 Schleifen binden und je eine auf jede Socke nähen. Die Schleifen mit einem Doppelknoten schließen, damit sie sich beim Tragen nicht lösen.

Im November kam ich auf die Welt,
es war ganz dunkel am Himmelszelt.
Doch bald kam die süße Winterfee
und brachte uns den ersten Schnee.

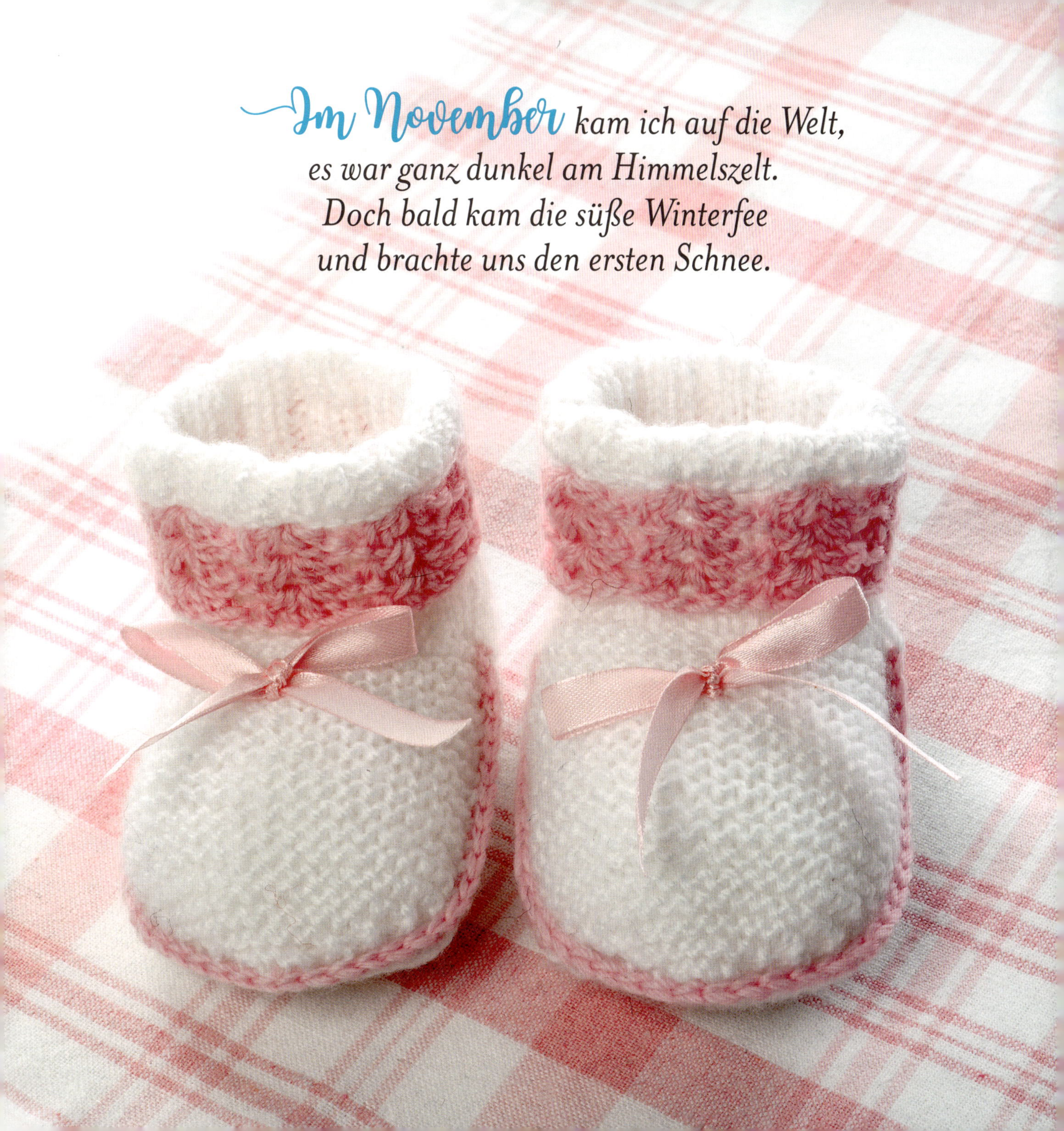

Wurstsocken

SIE BRAUCHEN

- Nadelspiel Nr. 3
- Novita Ipana oder ein ähnliches Garn in Rosa sowie waschmaschinenfeste Wollreste, z.B. in Weiß, Beere, Beige, Wollweiß und Braun

So geht's

Mehrfarbige Socken (Rosa als Grundfarbe): 40 M in Rosa anschlagen und auf 4 Nd des Nadelspiels gleichmäßig verteilen. Zur Runde schließen. 10 Rd im Rippenmuster (2 M re, 2 M li) stricken. Dann 1 Rd re und 4 Rd li in Weiß, 4 Rd re in Rosa. Zu Beere wechseln, 1 Rd re und 4 Rd li.

Eine (verstärkte) Ferse in Rosa arbeiten, die Fersenmaschen für das Käppchen in drei Teile aufteilen (6-8-6).

Die Abnahmen für den Zwickel arbeiten, beginnen mit 4 Rd glatt re in Rosa. 1 Rd re und 4 Rd li in Beige. 4 Rd re in Rosa. 1 Rd re und 4 Rd li in Wollweiß. 4 Rd re in Rosa. 1 Rd re und 4 Rd li in Braun. 4 Rd re in Rosa.

Die Abnahmen an der Spitze in Rosa als Bandabnahmen ohne Zwischenrunden arbeiten. Die Länge von der Ferse bis zur Spitze beträgt 13 cm. Alle Fadenenden vernähen. Die 2. Socke genauso stricken.

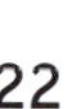

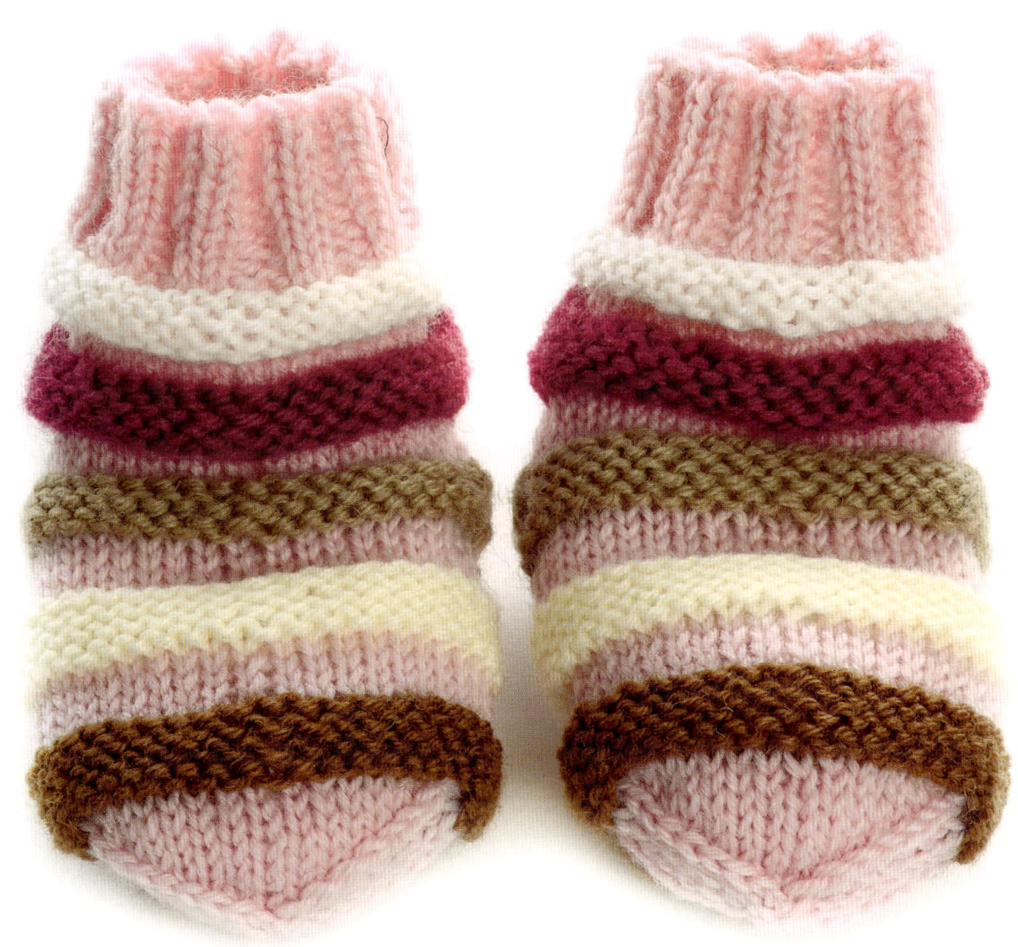

Kleine Socken mit 'ner Wurst,
das war mein Spiel daheim.
Schaukeln, lachen, fröhlich sein,
das taten wir tagaus, tagein.

Haben-will!-Socken

SIE BRAUCHEN

- Nadelspiel Nr. 3, Häkelnadel Nr. 2,5 und Nähnadel
- Novita Nalle in Dunkelgrün, Schwarz und Weiß

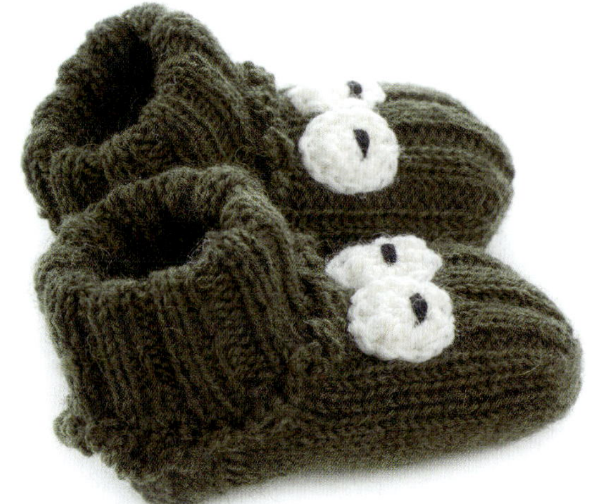

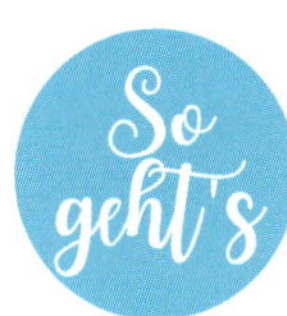

Dunkelgrüne Socken im Rippenmuster: 40 M anschlagen und auf 4 Nd des Nadelspiels gleichmäßig verteilen. Zur Runde schließen. 26 Rd (8 cm) im Rippenmuster (2 M re, 2 M li) stricken. In der letzten Rd immer 1 M auf die nächste Nd nehmen, so ist am Beginn und Ende von jeder Nd 1 M re oder 1 M li. Die letzte M der 2. Nd und die 1. M der 3. Nd soll jeweils eine re M sein (= 2 M re in der Mitte der Sockenoberseite). Am anderen Ende der beiden Nd ist jeweils 1 li M.

Eine (verstärkte) Ferse arbeiten, die Fersenmaschen für das Käppchen in drei Teile aufteilen (6-8-6).

Die Abnahmen für den Zwickel arbeiten. Mit der 2. und 3. Nd auf der Oberseite 2 M re, 2 M li und mit der 1. und 4. Nd auf der Unterseite glatt re bis zur Spitze stricken.

Insgesamt 28 Rd stricken bzw. bis der Fußteil inkl. Ferse 11 cm lang ist.

Die Abnahmen an der Spitze als Bandabnahmen ohne Zwischenrunden arbeiten. Die Länge von der Ferse bis zur Spitze beträgt 13 cm. Alle Fadenenden vernähen. Die 2. Socke genauso stricken.

AUGEN

Ovale Augen in Weiß: 8 fM in einen Fadenring häkeln. In der nächsten Rd 2 fM in dieselbe fM, 2 fM in die nächste fM, 2 hStb in die nächste fM, 2 hStb in die nächste fM, 2 Stb in die nächste fM, 2 Stb in die nächste fM, 2 hStb in die nächste fM, 2 hStb in die nächste fM = 16 M. Die Rd mit einer Km schließen. Ein langes Fadenende zum Annähen der Augen hängen lassen. Waagerechte Striche in Schwarz in die untere Hälfte der Augen sticken. Fadenenden abschneiden und vernähen. Die Augen mit dem langen Fadenende rundum fest annähen. Insgesamt 4 Augen häkeln.

HAARE

Als Haare Lm-Bogen häkeln: *An die obere Bündchenkante zwischen 2 re M 1 Km und 10 Lm in Dunkelgrün, zwischen 2 li M 1 Km und 10 Lm häkeln*. Von * bis * rundum wdh und mit 1 Km enden. Alle Fadenenden vernähen.

Als der kleine Bruder kam,
wurde mir ganz komisch.
Bin ich nicht mehr wichtig hier?
Ich glaub, ich zieh zu Omi.

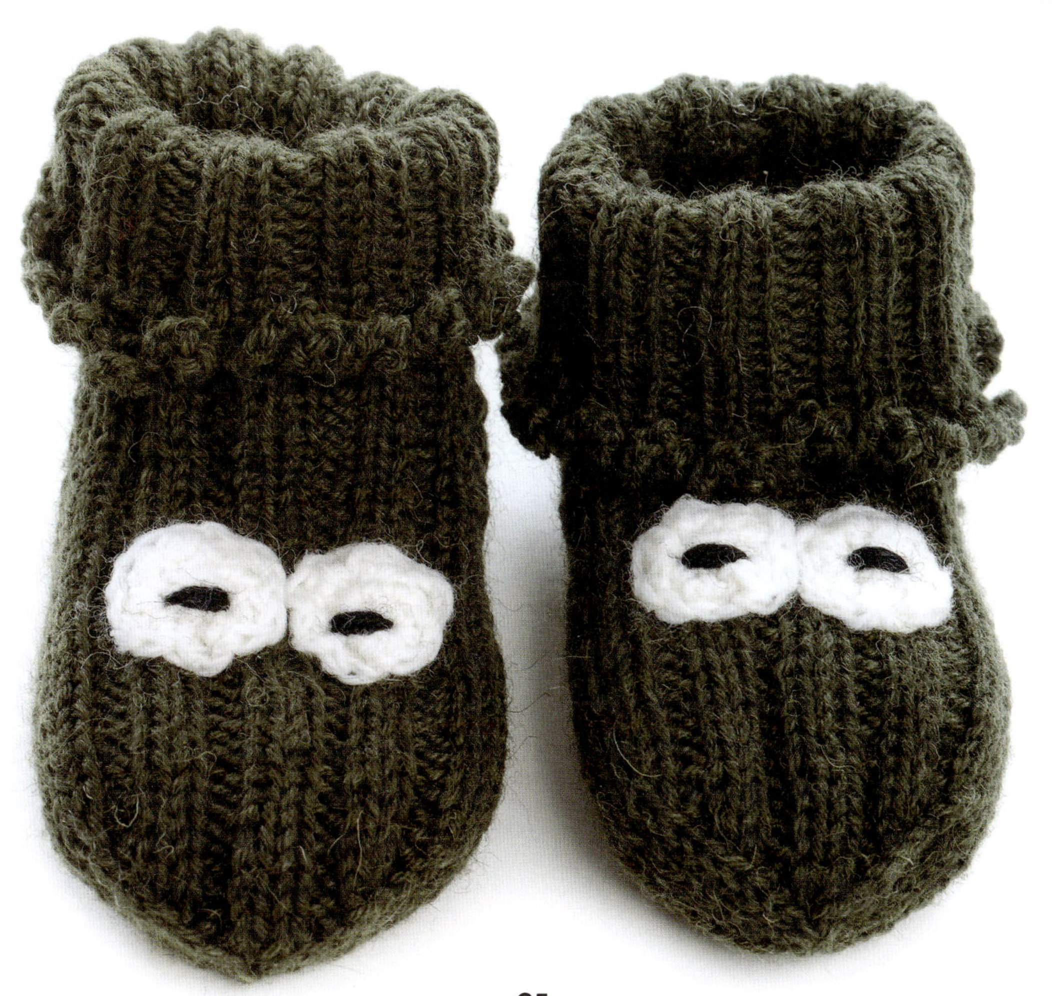

Schmollsocken

SIE BRAUCHEN

- Nadelspiel Nr. 3, Häkelnadel Nr. 2,5 und Nähnadel
- Novita Nalle in Grau, Schwarz und Weiß

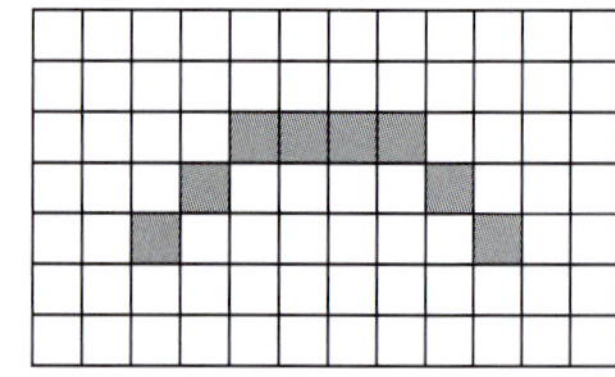

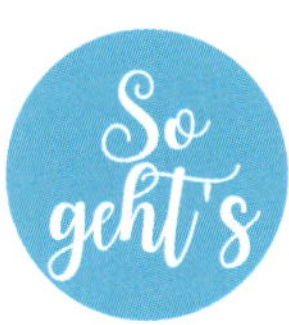

Dreifarbige Socken: 40 M in Grau anschlagen und auf 4 Nd des Nadelspiels gleichmäßig verteilen. Zur Runde schließen. 26 Rd (8 cm) im Rippenmuster (2 M re, 2 M li) stricken.

Eine (verstärkte) Ferse in Grau arbeiten, die Fersenmaschen für das Käppchen in drei Teile aufteilen (6-8-6).

Die Abnahmen für den Zwickel arbeiten. Oberseite: 7 Rd re M in Grau, 1 Rd re M in Schwarz, 10 Rd re M in Weiß, 1 Rd re M in Schwarz, 9 Rd re M in Grau = 28 Rd bzw. so oft in Grau stricken, bis der Fußteil inkl. Ferse 11 cm lang ist.

Die Abnahmen an der Spitze als Bandabnahmen ohne Zwischenrunden arbeiten. Die Länge von der Ferse bis zur Spitze beträgt 13 cm. Alle Fadenenden vernähen. Die 2. Socke genauso stricken.

AUGEN

Augen in Schwarz: 8 fM in einen Fadenring häkeln. In der nächsten Rd 2 fM in dieselbe fM häkeln = 16 M. Die Rd mit einer Km schließen. Ein langes Fadenende zum Annähen der Augen hängen lassen. Einen kleinen Punkt in Weiß auf das Auge sticken. Fadenenden abschneiden und vernähen. Die Augen rundum mit dem langen Fadenende zwischen den schwarzen Schmalstreifen fest annähen. Insgesamt 4 Augen häkeln.

MUND

Den Mund laut Zählmuster unter dem 2. Schmalstreifen in Schwarz mittig auf der Sockenoberseite aufsticken. Alle Fadenenden vernähen.

AUGENBRAUEN

Die Augenbrauen seitlich schräg über den Augen im Steppstich aufsticken. Zweimal sticken, damit die Augenbrauen dicker werden. Den Faden nicht zu fest anziehen. So reißen die Stiche beim Tragen und Waschen der Socken nicht so leicht. Alle Fadenenden vernähen.

Hab keine gute Laune
und stampfe mit dem Fuß.
Steh beleidigt in der Ecke
und habe große Wut.

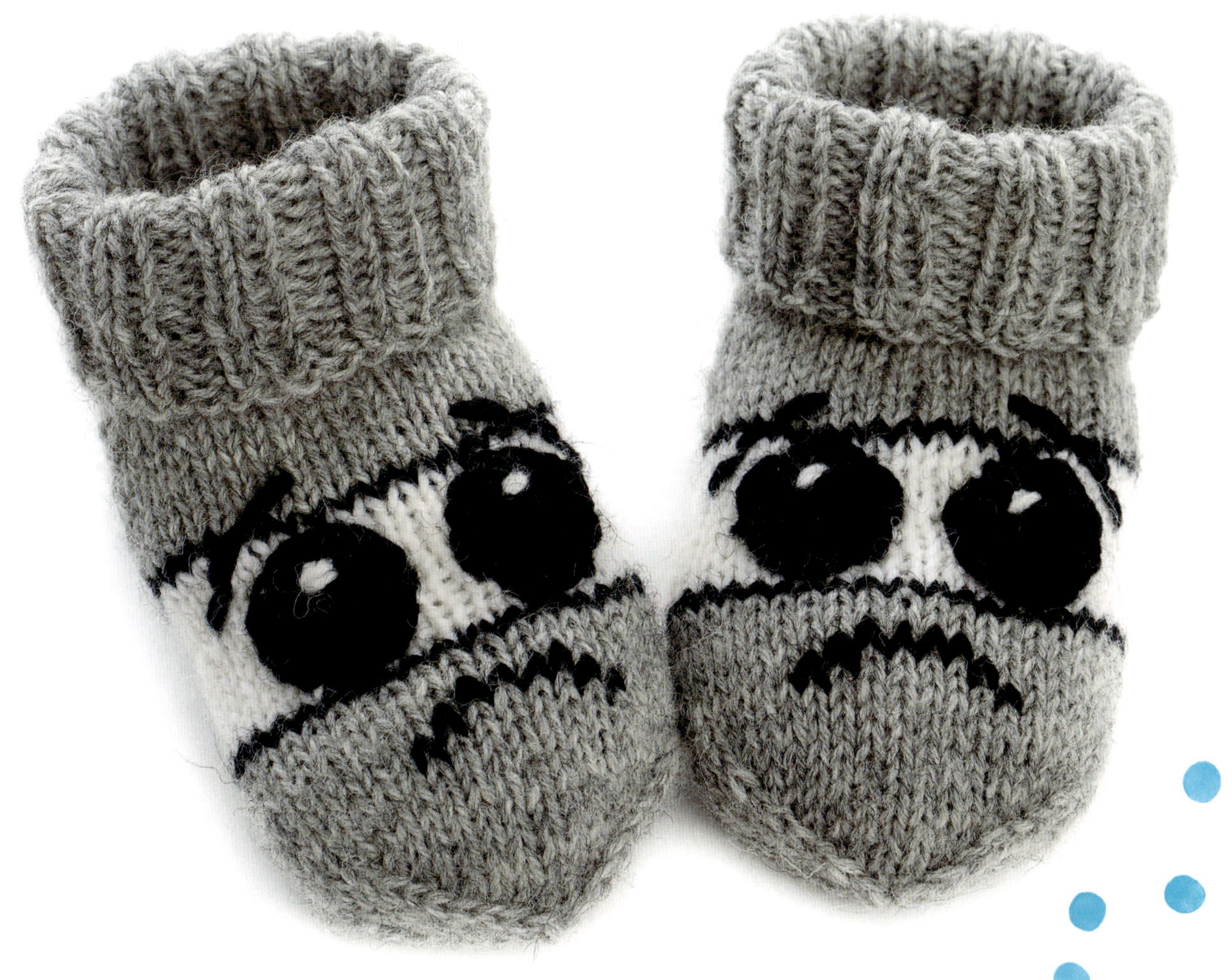

Raupensocken

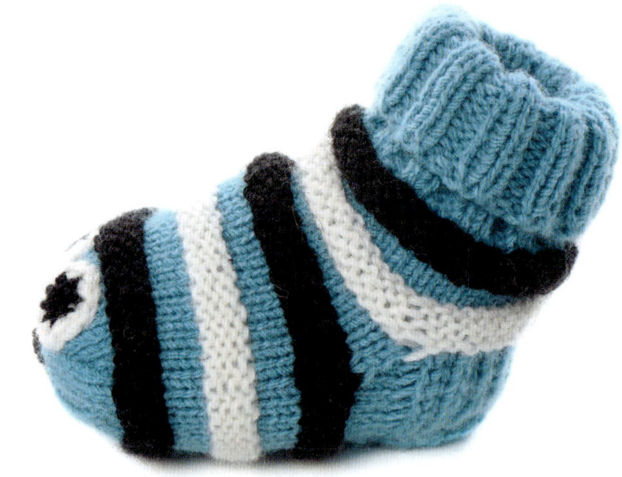

SIE BRAUCHEN

- Nadelspiel Nr. 3, Häkelnadel Nr. 2,5 und Nähnadel
- Novita Nalle in Schwarz und Weiß, Red Heart Baby in Türkis

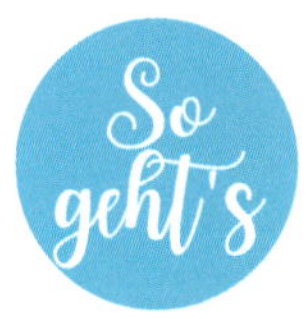

Dreifarbige Socken (Türkis als Grundfarbe): 40 M in Türkis anschlagen und auf 4 Nd des Nadelspiels gleichmäßig verteilen. Zur Runde schließen. 25 Rd im Rippenmuster (2 M re, 2 M li) stricken. 1 Rd re und 4 Rd li in Schwarz, 4 Rd re in Türkis. 1 Rd re und 4 Rd li in Weiß.

Eine (verstärkte) Ferse in Türkis arbeiten, die Fersenmaschen für das Käppchen in drei Teile aufteilen (6-8-6).

Die Abnahmen für den Zwickel arbeiten, dabei zunächst 4 Rd re in Türkis. 1 Rd re und 4 Rd li in Schwarz. 4 Rd re in Türkis. 1 Rd re und 4 Rd li in Weiß. 4 Rd re in Türkis. 1 Rd re und 4 Rd li in Schwarz. 4 Rd re in Türkis.

Die Abnahmen an der Spitze in Türkis als Bandabnahmen ohne Zwischenrunden arbeiten und an der Spitze eine Nase in Schwarz arbeiten, wenn auf jeder Nd noch 6 M übrig sind. In Schwarz fertig stricken. Die Länge von der Ferse bis zur Spitze beträgt ca. 13 cm. Alle Fadenenden vernähen. Die 2. Socke genauso stricken.

AUGEN

8 fM in Schwarz in einen Fadenring häkeln. Zu Weiß wechseln, in der nächsten Rd 2 fM in jede fM häkeln = 16 M. Die Rd mit einer Km schließen. Ein langes Fadenende zum Annähen der Augen hängen lassen. Die anderen Fadenenden abschneiden und vernähen. Die Augen rundum mit dem langen Fadenende fest annähen. Insgesamt 4 Augen häkeln.

Beim Spielen im Regen
hab ich 'ne Raupe gesehen.
Hab sie auf ein Blatt gelegt,
damit sie Glück mir bringen mag.

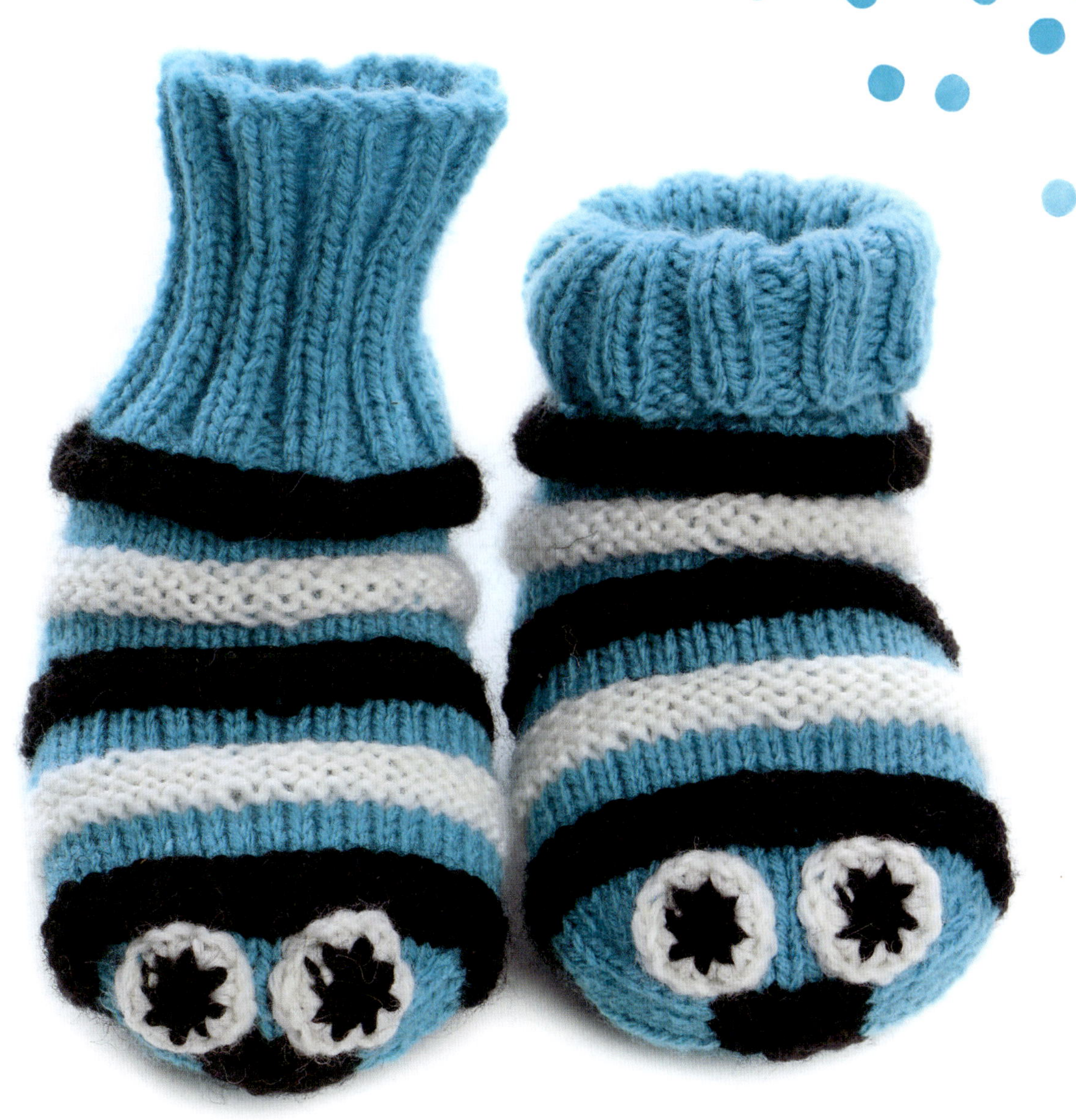

Kitasocken

SIE BRAUCHEN

- Nadelspiel Nr. 3, Häkelnadel Nr. 2,5 und Nähnadel
- Novita Nalle in Weiß und Hellblau, Superwash-Garn in Braun, Novita Ipana oder ein ähnliches Garn in Beige, Novita Nordic Wool in Zyklam

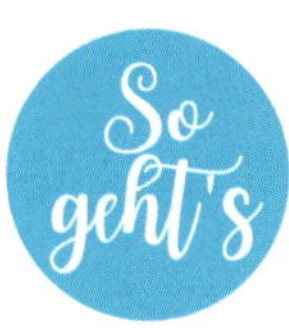

Mehrfarbige Socken: 40 M in Braun anschlagen und auf 4 Nd des Nadelspiels gleichmäßig verteilen. Zur Runde schließen. 26 Rd (8 cm) im Rippenmuster (2 M re, 2 M li) stricken.

Eine (verstärkte) Ferse in Braun arbeiten, die Fersenmaschen für das Käppchen in drei Teile aufteilen (6-8-6).

Die Abnahmen für den Zwickel arbeiten, dabei den Fußteil wie folgt stricken: 5 Rd glatt re in Braun. 12 Rd glatt re in Beige. Zu Zyklam wechseln, auf der Sockenoberseite mit der 2. und 3. Nd 4 Rd kraus re stricken (1 Rd re, 1 Rd li). Die Sockenunterseite mit der 1. und 4. Nd glatt re stricken. Auf der Sockenoberseite sind 2 Krausrippen zu sehen. 7 Rd in Zyklam glatt re stricken bzw. bis der Fußteil inkl. Ferse 11 cm lang ist.

Die Abnahmen an der Spitze als Bandabnahmen ohne Zwischenrunden arbeiten. Die Länge von der Ferse bis zur Spitze beträgt 13 cm. Alle Fadenenden vernähen. Die 2. Socke genauso stricken.

AUGEN

8 fM in Braun in einen Fadenring häkeln. Zu Weiß wechseln, in der nächsten Rd 2 fM in jede fM häkeln = 16 M. Die Rd mit einer Km schließen. Ein langes Fadenende zum Annähen der Augen hängen lassen. Die anderen Fadenenden abschneiden und vernähen. Insgesamt 4 Augen häkeln.

NASE

14 hStb in Beige in einen Fadenring häkeln. Die Rd mit einer Km schließen. Ein langes Fadenende zum Annähen der Nase hängen lassen. Die anderen Fadenenden abschneiden und vernähen. Insgesamt 2 Nasen häkeln.

HAARE

Als Haare Lm-Bogen häkeln: *An die obere Bündchenkante zwischen 2 re M 1 Km und 10 Lm in Braun, zwischen 2 li M 1 Km und 10 Lm häkeln*. Von * bis * rundum wdh und mit 1 Km schließen. Alle Fadenenden vernähen.

BUCHSTABE

Einen Buchstaben nach Wahl im Ketten-/Maschenstich in Hellblau an der Sockenspitze auf die Oberseite sticken.

FERTIGSTELLUNG

Zuerst die Nase in der vorderen Mitte über den Krausrippen in Zyklam mit dem Fadenende rundum fest annähen. Dann die Augen zu beiden Seiten der Nase mit dem Fadenende rundum fest annähen. Zuletzt nach Belieben eine Brille in Zyklam im Steppstich um die Augen herum sticken. Alle Fadenenden vernähen.

Erster Tag im Kindergarten,
Mama hat mich hingebracht.
Wann sind endlich Ferien,
hab ich leise nur gedacht.

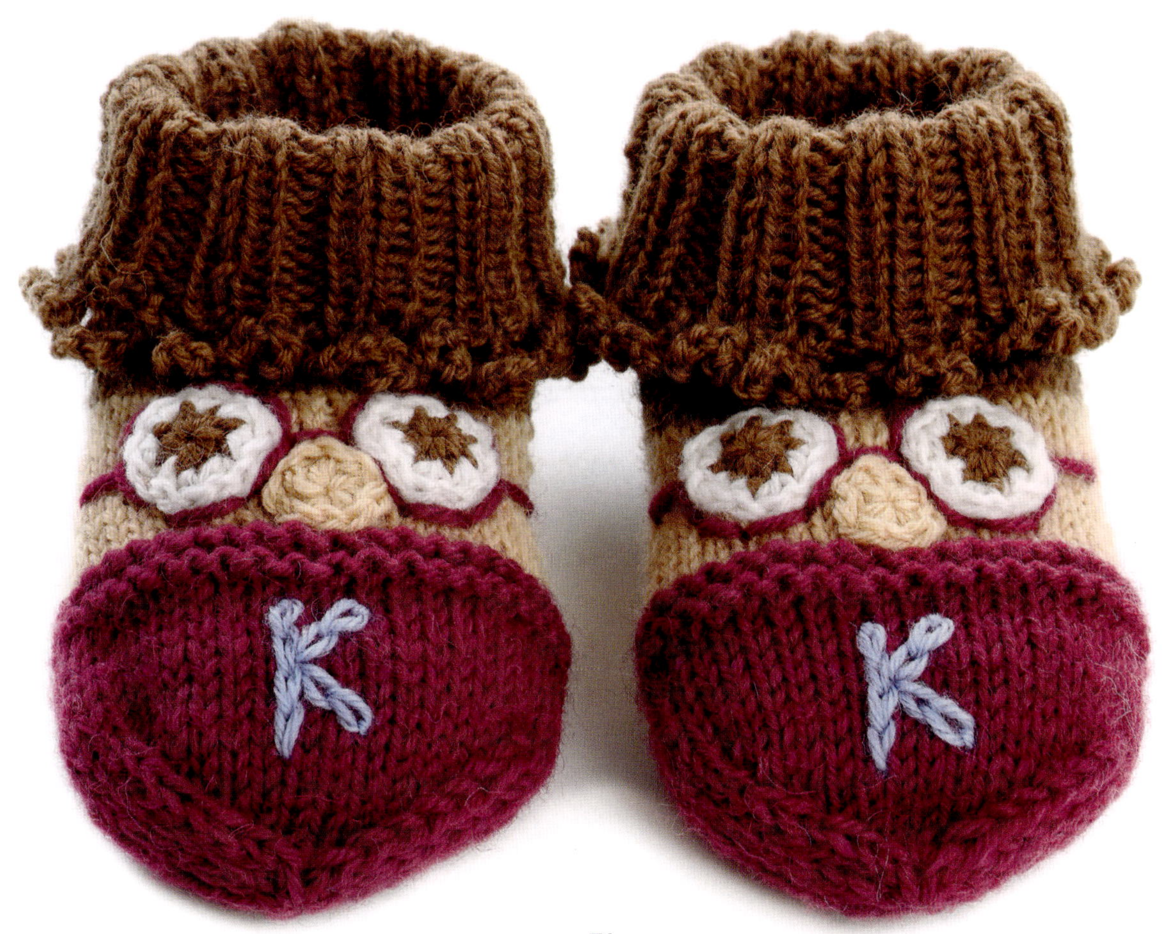

Schneemannsocken

SIE BRAUCHEN

- Nadelspiel Nr. 3, Häkelnadel Nr. 2,5 und Nähnadel
- Novita Nalle in Hellblau, Weiß und Schwarz, Garnreste in Rosa und Orange

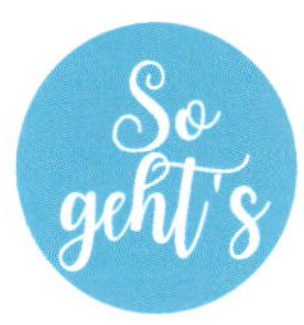

Hellblaue Socken: 40 M anschlagen und auf 4 Nd des Nadelspiels gleichmäßig verteilen. Zur Runde schließen. 26 Rd (8 cm) im Rippenmuster (2 M re, 2 M li) stricken.

Eine (verstärkte) Ferse arbeiten, die Fersenmaschen für das Käppchen in drei Teile aufteilen (6-8-6).

Die Abnahmen für den Zwickel arbeiten und 28 Rd stricken bzw. bis der Fußteil inkl. Ferse 11 cm lang ist.

Die Abnahmen an der Spitze als Bandabnahmen ohne Zwischenrunden arbeiten. Die Länge von der Ferse bis zur Spitze beträgt 13 cm. Alle Fadenenden vernähen. Die 2. Socke genauso stricken.

KOPF

In Weiß 8 fM in einen Fadenring häkeln. Nächste Rd: 2 fM in jede fM = 16 fM. In der 3. Rd in jede 2. fM 2 fM = 24 fM. 4. Rd: ohne Zunahmen. In der 5. Rd in jede 3. fM 2 fM = 32 M. Letzte Rd: ohne Zunahmen. Jede Rd mit einer Km schließen. Ein langes Fadenende zum Annähen des Kopfs hängen lassen. Insgesamt 2 Köpfe häkeln.

HUT

In der 1. Rd 13 fM in Schwarz an die weiße Kopfkante häkeln. Mit 2 Lm wenden. In der 2. Rd 13 fM. Wenden, in der 3. Rd je 1 Km in die ersten 3 fM und in der Mitte 7 fM häkeln, mit 2 Lm wenden. In der 4. Rd 7 fM, mit 2 Lm wenden. In der 5. Rd noch einmal 7 fM. Den Faden abschneiden und ein langes Fadenende zum Annähen des Hutes hängen lassen. Den 2. Hut genauso häkeln.

FERTIGSTELLUNG

Augen und Mund in Schwarz auf das Schneemannsgesicht sticken. In der Mitte eine Karottennase in Orange und auf beide Seiten rosa Wangen aufsticken. Alle Fadenenden vernähen. Den Kopf mit dem Fadenende in Weiß und den Hut mit dem Fadenende in Schwarz rundum fest annähen.

ZIERKANTE

Die obere Kante des Schafts mit 40 fM in Weiß umhäkeln. Die Rd mit einer Km schließen. Eine Rd fM, mit einer Km schließen, den Faden abschneiden und vernähen.

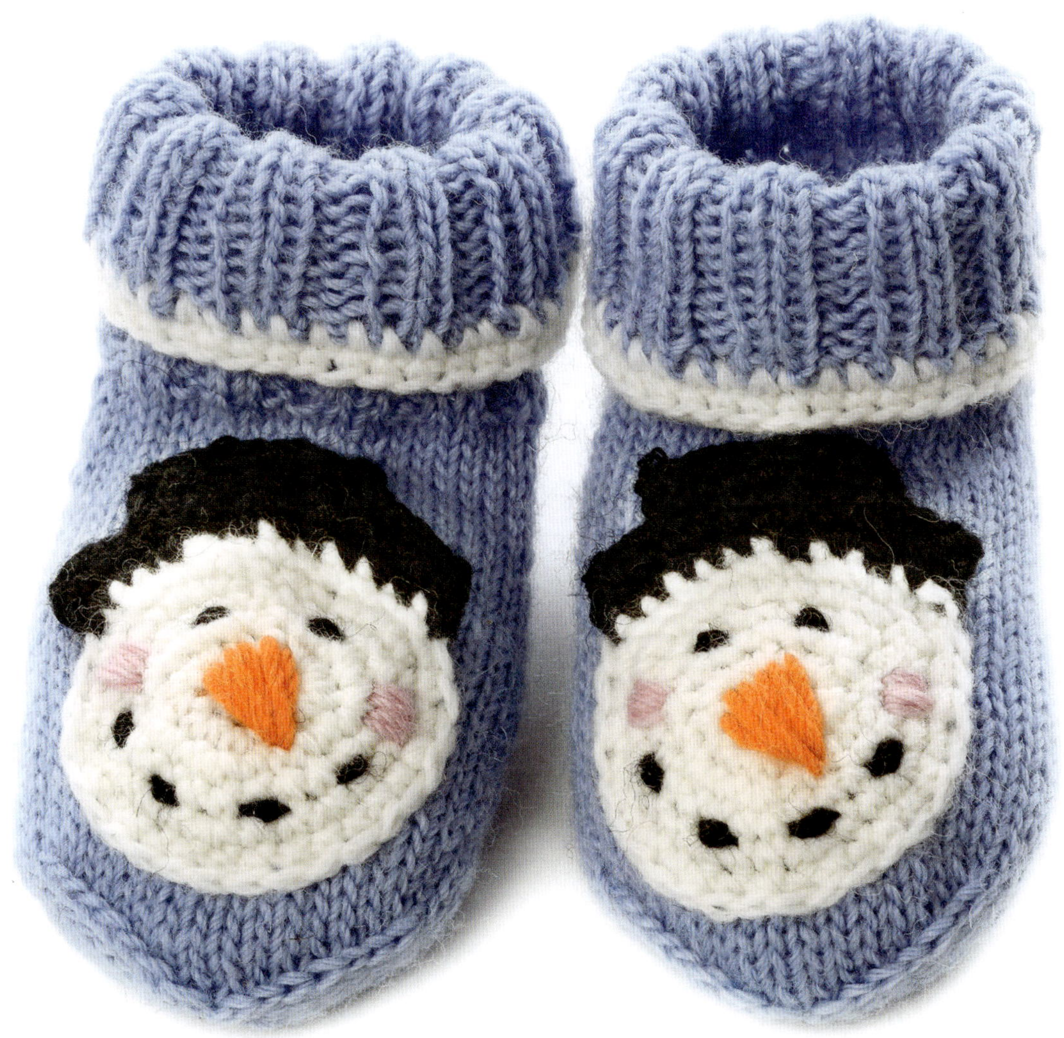

Hab 'nen Schneemann gemacht
mit 'ner Karotte im Gesicht.
Schau, was hast du denn gedacht,
Opas Filzhut steht ihm, etwa nicht?

Tennissocken
Heavysocken
Schulabschlusssocken
Brautpaarsocken

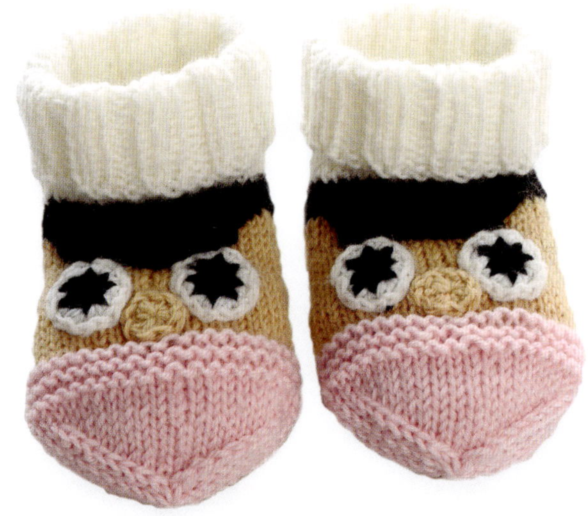

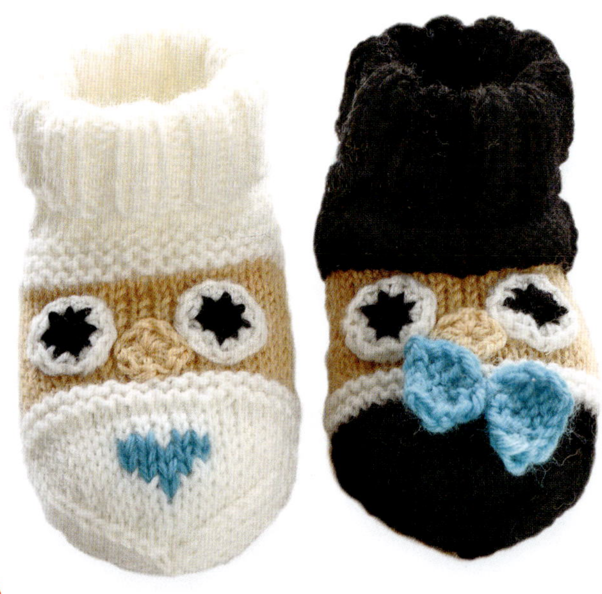

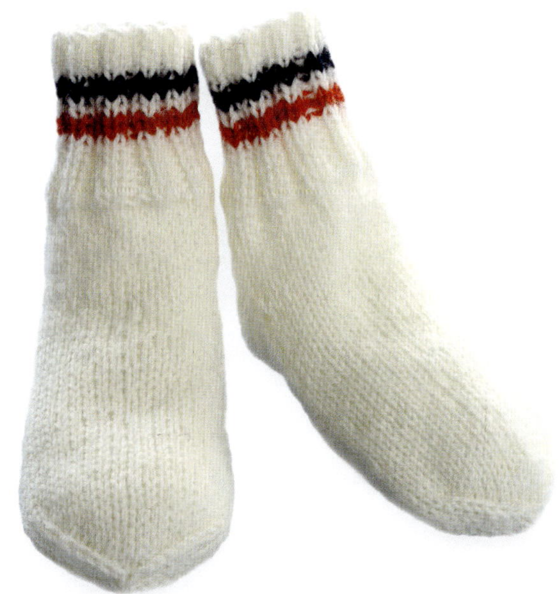

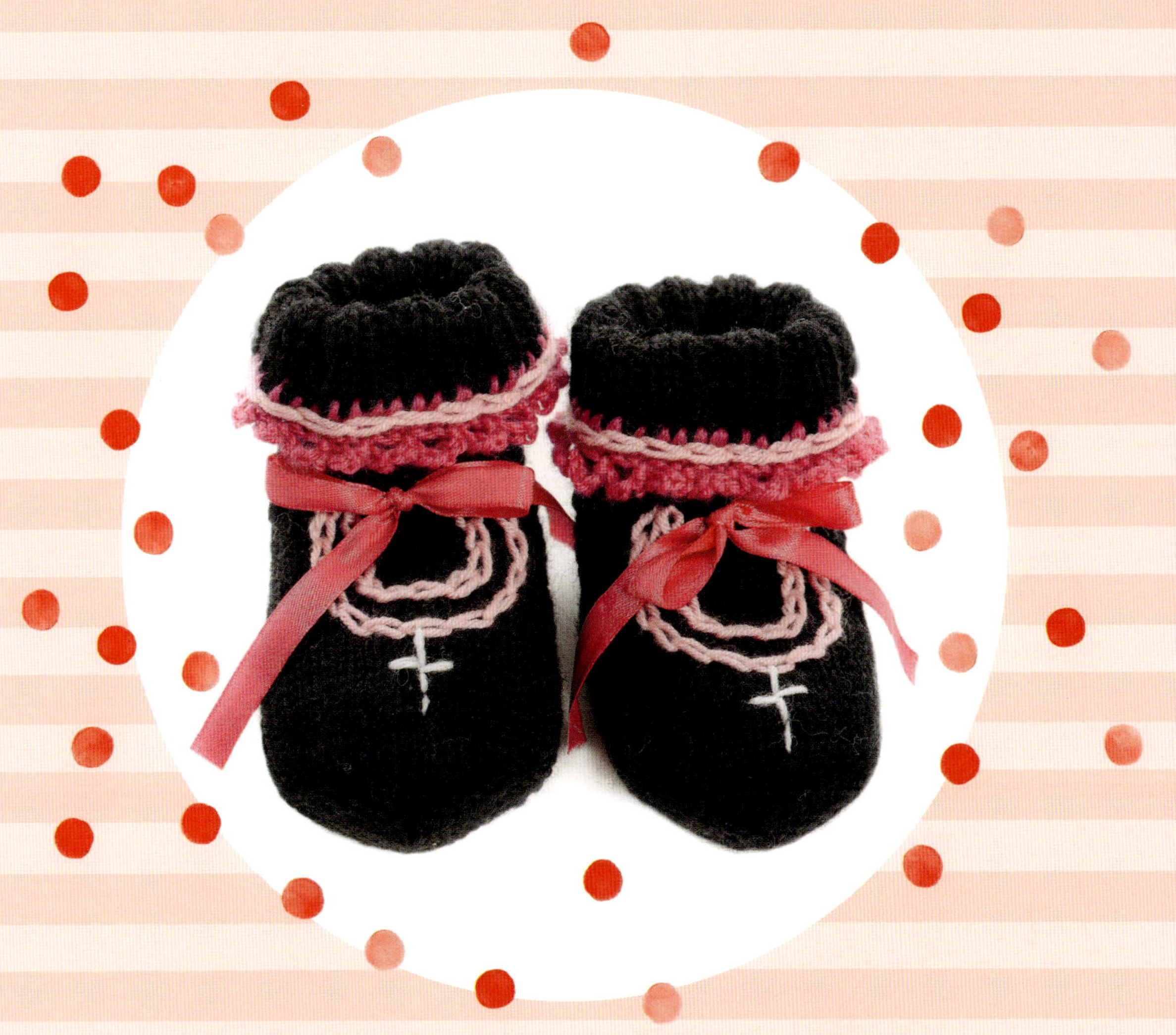

ZEIT *der Kindheit liegt zurück,*
vor mir wartet Jugendglück.

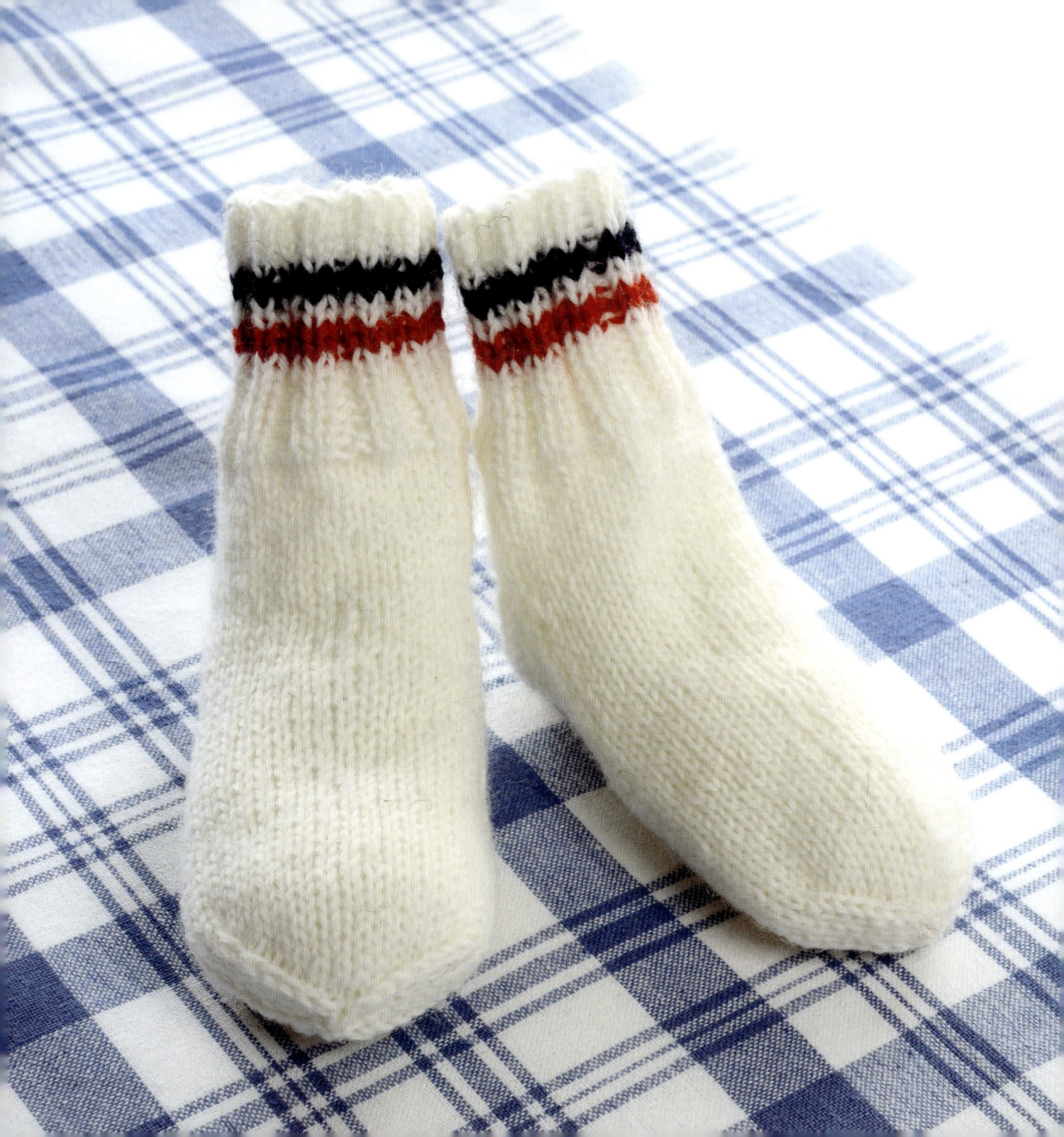

TENNISSOCKEN

SIE BRAUCHEN

- Nadelspiel Nr. 3
- Novita Nalle in Weiß, Dunkelblau und Rot

SO GEHT'S

Weiße Socken: 40 M anschlagen und auf 4 Nd des Nadelspiels gleichmäßig verteilen. Zur Runde schließen. Im Rippenmuster (2 M re, 2 M li) 5 Rd in Weiß, 2 Rd in Blau, 2 Rd in Weiß, 2 Rd in Rot und 8 Rd in Weiß stricken. 10 Rd glatt re.

Eine (verstärkte) Ferse arbeiten, die Fersenmaschen für das Käppchen in drei Teile aufteilen (6-8-6).

Die Abnahmen für den Zwickel arbeiten und 28 Rd glatt re stricken bzw. bis der Fußteil inkl. Ferse 11 cm lang ist.

Die Abnahmen an der Spitze als Bandabnahmen ohne Zwischenrunden arbeiten. Die Länge von der Ferse bis zur Spitze beträgt 13 cm. Alle Fadenenden vernähen. Die 2. Socke genauso stricken

ERINNERST du dich,
als Tennissocken war'n
modern?
Jeder zog sie an, und das
immer wieder gern.
Das war'n die Achtziger,
die schrillen,
ach, wir vermissen ihre
Grillen.

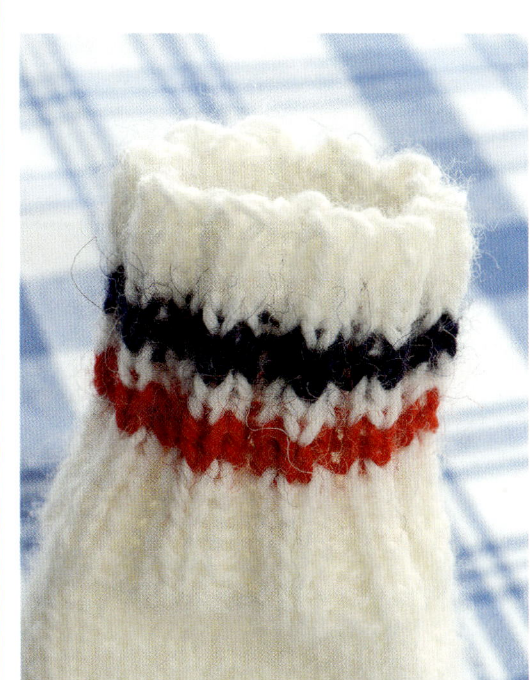

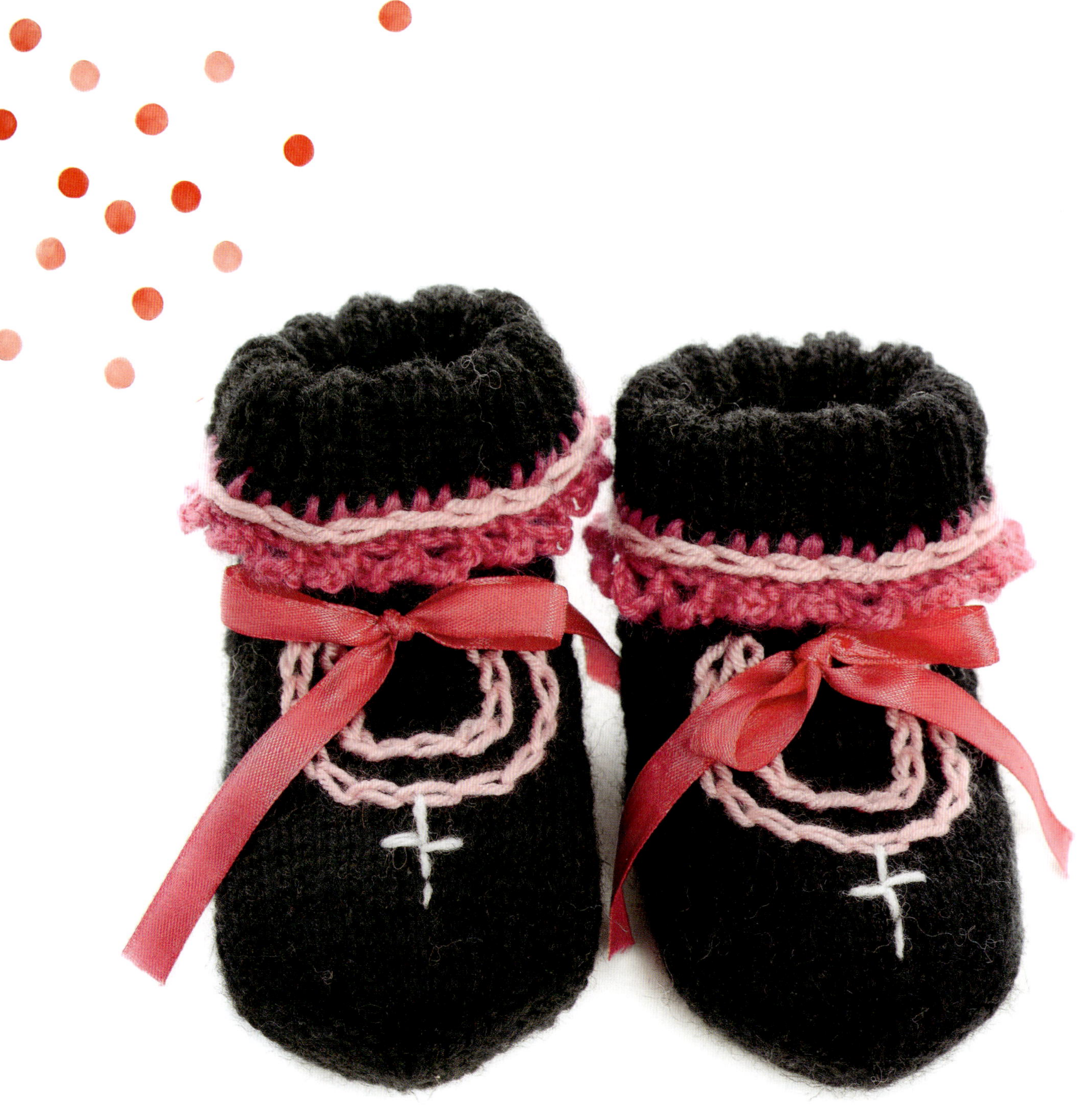

HEAVYSOCKEN

ALS TEENAGER, jung und wild, hörten wir nur Heavy und Rock. Zum Tanzen in der Disco, darauf hatten wir Bock.

SIE BRAUCHEN

- Nadelspiel Nr. 3, Häkelnadel Nr. 2,5 und Nähnadel
- Novita Nalle in Schwarz und Weiß, Novita Ipana oder ein ähnliches Garn in Rosa und Pink
- Satinband in Pink

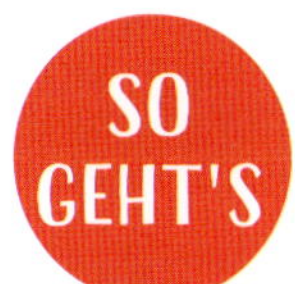

Schwarze Socken: 40 M anschlagen und auf 4 Nd des Nadelspiels gleichmäßig verteilen. Zur Runde schließen. 26 Rd (8 cm) im Rippenmuster (2 M re, 2 M li) stricken.

Eine (verstärkte) Ferse arbeiten, die Fersenmaschen für das Käppchen in drei Teile aufteilen (6-8-6).

Die Zwickelabnahmen arbeiten und 28 Rd glatt re stricken bzw. bis der Fußteil inkl. Ferse 11 cm lang ist.

Die Abnahmen an der Spitze als Bandabnahmen ohne Zwischenrunden arbeiten. Die Länge von der Ferse bis zur Spitze beträgt 13 cm. Alle Fadenenden vernähen. Die 2. Socke genauso stricken.

HALSKETTEN

Im Kettenstich 2 Halsketten in Rosa aufsticken, die innere Kette zuerst. Ab der unteren Kante des Rippenmusters in einem Bogen bis an die untere Kante des Rippenmusters an der anderen Seite sticken. Danach die äußere Kette neben der inneren Kette sticken. Den Faden nicht zu fest anziehen. Es sollen lockere Stiche sein, die beim Tragen und Waschen der Socken elastisch bleiben. Alle Fadenenden vernähen.

ANHÄNGER

An die untere Kante der äußeren Halskette im Steppstich ein kleines Kreuz in Weiß aufsticken. Sie können auch ein anderes Motiv wählen. Die Stiche in die Mitte der M-Glieder (nicht zwischen die M) sticken, damit sie nicht im Gestrick versinken. Alle Fadenenden vernähen.

ZIERBLENDE

Die obere Kante des Schafts mit 40 fM in Pink umhäkeln. Die Rd mit einer Km schließen. Eine Rd fM, mit einer Km schließen. In der 3. Rd Lm-Bogen häkeln: *5 Lm und 1 Km in jede 2. fM häkeln*. Von * bis * rundum wdh. Faden abschneiden und alle Fadenenden vernähen. Rund um die Zierblende eine Rd in Rosa im Kettenstich auf die fM sticken. Den Faden nicht zu fest anziehen. Es sollen lockere Stiche sein, die beim Tragen und Waschen der Socken elastisch bleiben. Alle Fadenenden vernähen.

FERTIGSTELLUNG

Aus dem Satinband 2 Schleifen binden und je eine in die Mitte der Halsketten an die obere Kante der beiden Socken nähen. Die Schleifen mit einem Doppelknoten schließen, damit sie sich beim Tragen nicht lösen.

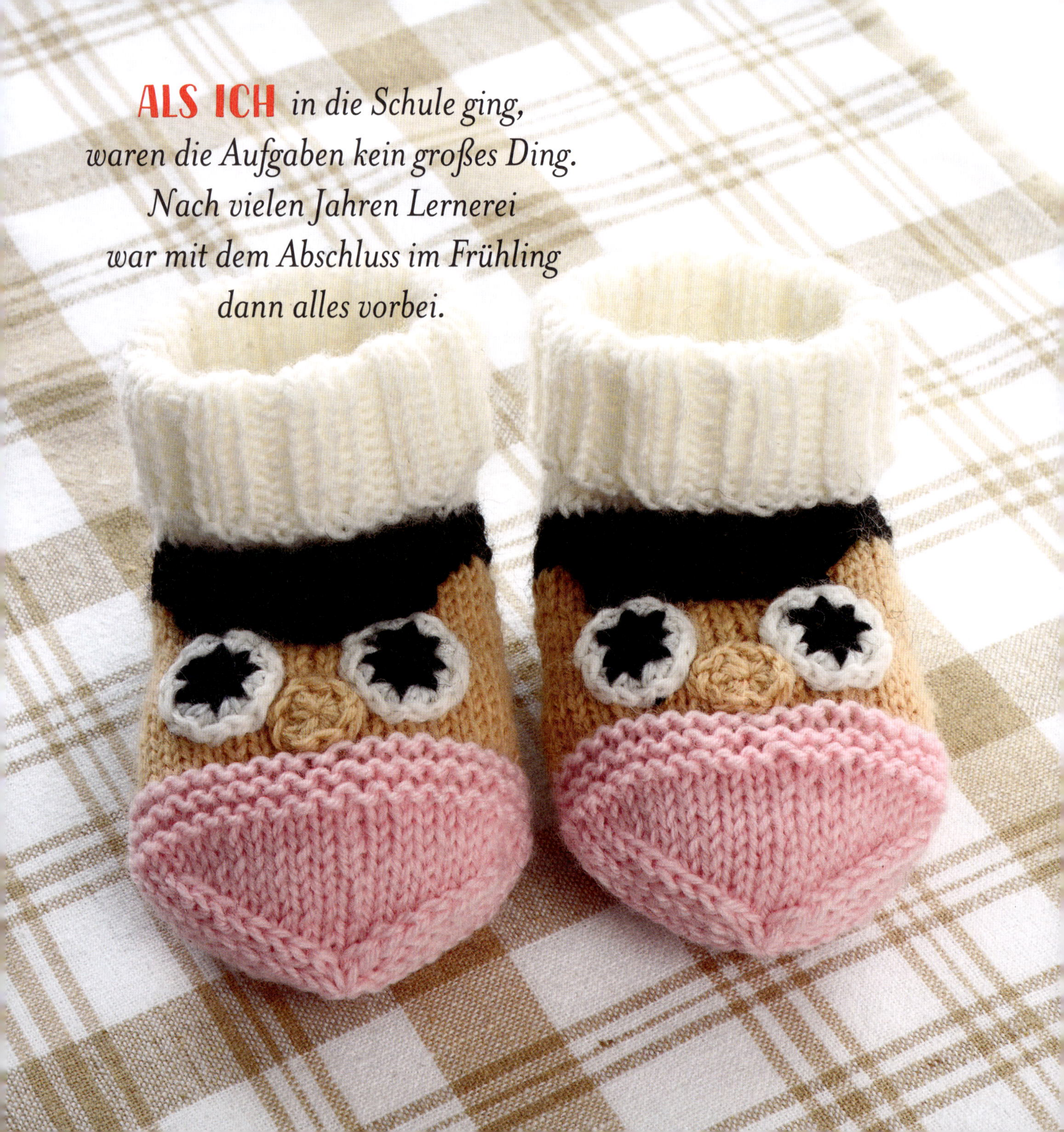

ALS ICH *in die Schule ging,*
waren die Aufgaben kein großes Ding.
Nach vielen Jahren Lernerei
war mit dem Abschluss im Frühling
dann alles vorbei.

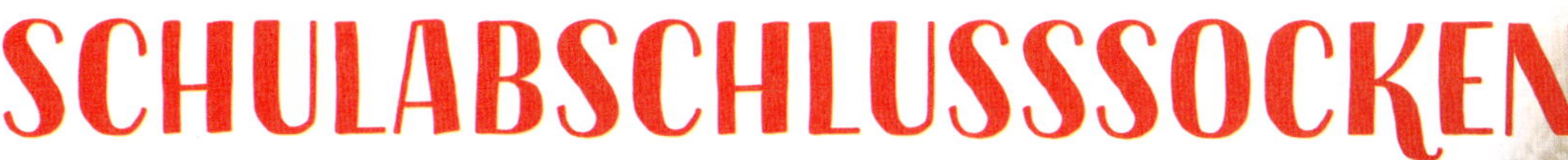

SCHULABSCHLUSSSOCKEN

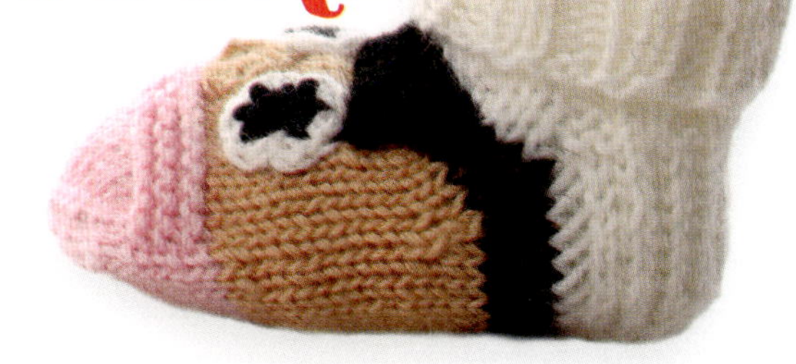

SIE BRAUCHEN

- Nadelspiel Nr. 3, Häkelnadel Nr. 2,5 und Nähnadel
- Novita Nalle in Weiß und Schwarz, Novita Ipana oder ein ähnliches Garn in Rosa und Beige

SO GEHT'S

Mehrfarbige Socken: 40 M in Weiß anschlagen und auf 4 Nd des Nadelspiels gleichmäßig verteilen. Zur Runde schließen. 26 Rd (8 cm) im Rippenmuster (2 M re, 2 M li) stricken.

Eine (verstärkte) Ferse in Weiß arbeiten, die Fersenmaschen für das Käppchen in drei Teile aufteilen (6-8-6).

Die Abnahmen für den Zwickel arbeiten und den Fußteil wie folgt stricken: 4 Rd glatt re in Schwarz. 15 Rd glatt re in Beige. Auf der Sockenoberseite mit der 2. und 3. Nd 6 Rd kraus re (1 Rd re, 1 Rd li) in Rosa. Auf der Sockenunterseite mit der 1. und 4. Nd glatt re. Auf der Sockenoberseite sind 3 Krausrippen zu sehen. In Rosa noch weitere 3 Rd glatt re stricken bzw. bis der Fußteil inkl. Ferse 11 cm lang ist.

Die Abnahmen an der Spitze als Bandabnahmen ohne Zwischenrunden arbeiten. Die Länge von der Ferse bis zur Spitze beträgt 13 cm. Alle Fadenenden vernähen. Die 2. Socke genauso stricken.

AUGEN

8 fM in Schwarz in einen Fadenring häkeln. Zu Weiß wechseln, in der nächsten Rd 2 fM in jede fM häkeln = 16 fM. Die Rd mit einer Km schließen. Ein langes Fadenende zum Annähen der Augen hängen lassen. Die anderen Fadenenden abschneiden und vernähen. Insgesamt 4 Augen häkeln.

NASE

14 hStb in Beige in einen Fadenring häkeln. Die Rd mit einer Km schließen. Ein langes Fadenende zum Annähen der Nase hängen lassen. Das andere Fadenende abschneiden und vernähen. Insgesamt 2 Nasen häkeln.

MÜTZENSCHIRM

Auf Wunsch einen Mützenschirm stricken: Er wird mit 2 Nd in Hin- und Rück-R kraus re gestrickt. Auf der Oberseite der Socke 18 M aus der 3. Rd in Schwarz auffassen. 2 Rd kraus re stricken. Dann in jeder Rd beidseitig je 1 M abnehmen, bis noch 10 M übrig sind. Abketten, Fadenenden abschneiden und vernähen.

FERTIGSTELLUNG

Zuerst die Nase in der vorderen Mitte über den Krausrippen in Rosa mit dem Fadenende rundum fest annähen. Dann die Augen zu beiden Seiten der Nase mit dem Fadenende rundum fest annähen. Den Mützenschirm auf Wunsch an der vorderen Kante an den oberen Augenkanten annähen. Alle Fadenenden vernähen.

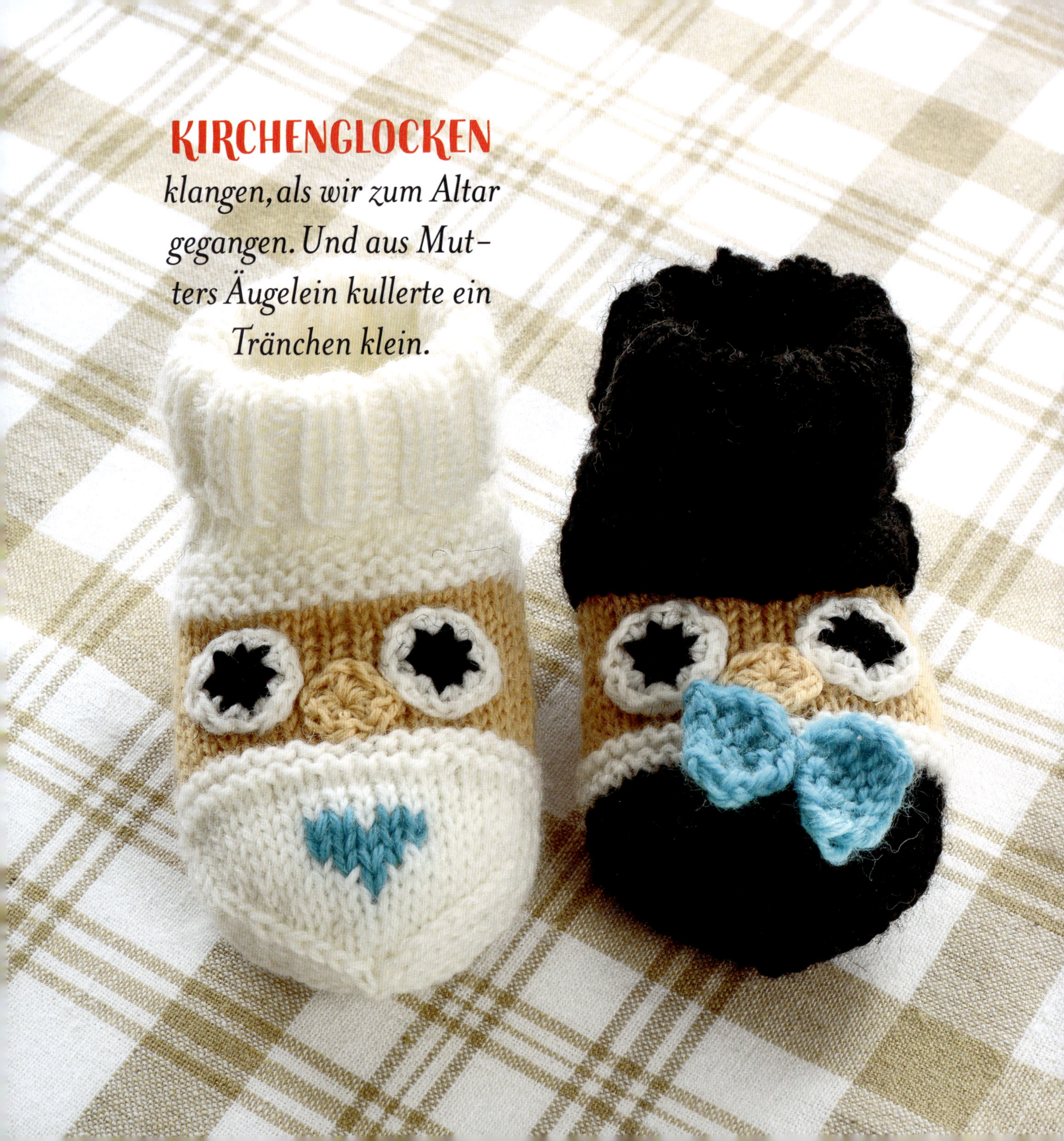

KIRCHENGLOCKEN

klangen, als wir zum Altar gegangen. Und aus Mutters Äugelein kullerte ein Tränchen klein.

BRAUTPAARSOCKEN

BRÄUTIGAMSOCKEN

SIE BRAUCHEN

- Nadelspiel Nr. 3, Häkelnadel Nr. 2,5 und Nähnadel
- Novita Nalle in Schwarz und Weiß, Novita Ipana oder ein ähnliches Garn in Beige und Red Heart Baby in Türkis

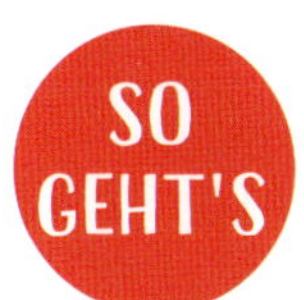

Mehrfarbige Socke: 40 M in Schwarz anschlagen und auf 4 Nd des Nadelspiels gleichmäßig verteilen. Zur Runde schließen. 26 Rd (8 cm) im Rippenmuster (2 M re, 2 M li) stricken.

Eine (verstärkte) Ferse in Schwarz arbeiten, die Fersenmaschen für das Käppchen in drei Teile aufteilen (6-8-6).

Die Abnahmen für den Zwickel arbeiten und den Fußteil wie folgt stricken: 1 Rd re und 5 Rd li in Schwarz auf allen 4 Nd stricken. 12 Rd glatt re in Beige. Auf der Sockenoberseite mit der 2. und 3. Nd 4 Rd kraus re (1 Rd re, 1 Rd li) in Weiß. Auf der Sockenunterseite mit der 1. und 4. Nd glatt re. Auf der Sockenoberseite sind 2 Krausrippen zu sehen. 6 Rd glatt re in Schwarz stricken bzw. bis der Fußteil inkl. Ferse 11 cm lang ist.

Die Abnahmen an der Spitze als Bandabnahmen ohne Zwischenrunden arbeiten. Die Länge von der Ferse bis zur Spitze beträgt 13 cm. Alle Fadenenden vernähen.

AUGEN

8 fM in Schwarz in einen Fadenring häkeln. Zu Weiß wechseln, in der nächsten Rd 2 fM in jede fM häkeln = 16 fM. Die Rd mit einer Km schließen. Ein langes Fadenende zum Annähen der Augen hängen lassen. Die anderen Fadenenden abschneiden und vernähen. Insgesamt 2 Augen häkeln.

NASE

14 hStb in Beige in einen Fadenring häkeln. Die Rd mit einer Km schließen. Ein langes Fadenende zum Annähen der Nase hängen lassen. Das andere Fadenende abschneiden und vernähen.

SCHLEIFE

6 M in Türkis anschlagen und 16 R kraus re stricken. Abketten. Ein langes Fadenende zum Annähen der Schleife hängen lassen.

FERTIGSTELLUNG

Die Nase in der vorderen Mitte über den Krausrippen in Weiß mit dem Fadenende rundum fest annähen. Die Augen zu beiden Seiten der Nase mit dem Fadenende rundum fest annähen. Die Schleife an der unteren Kante der weißen Krausrippen etwa in der Sockenmitte annähen. Alle Fadenenden vernähen.

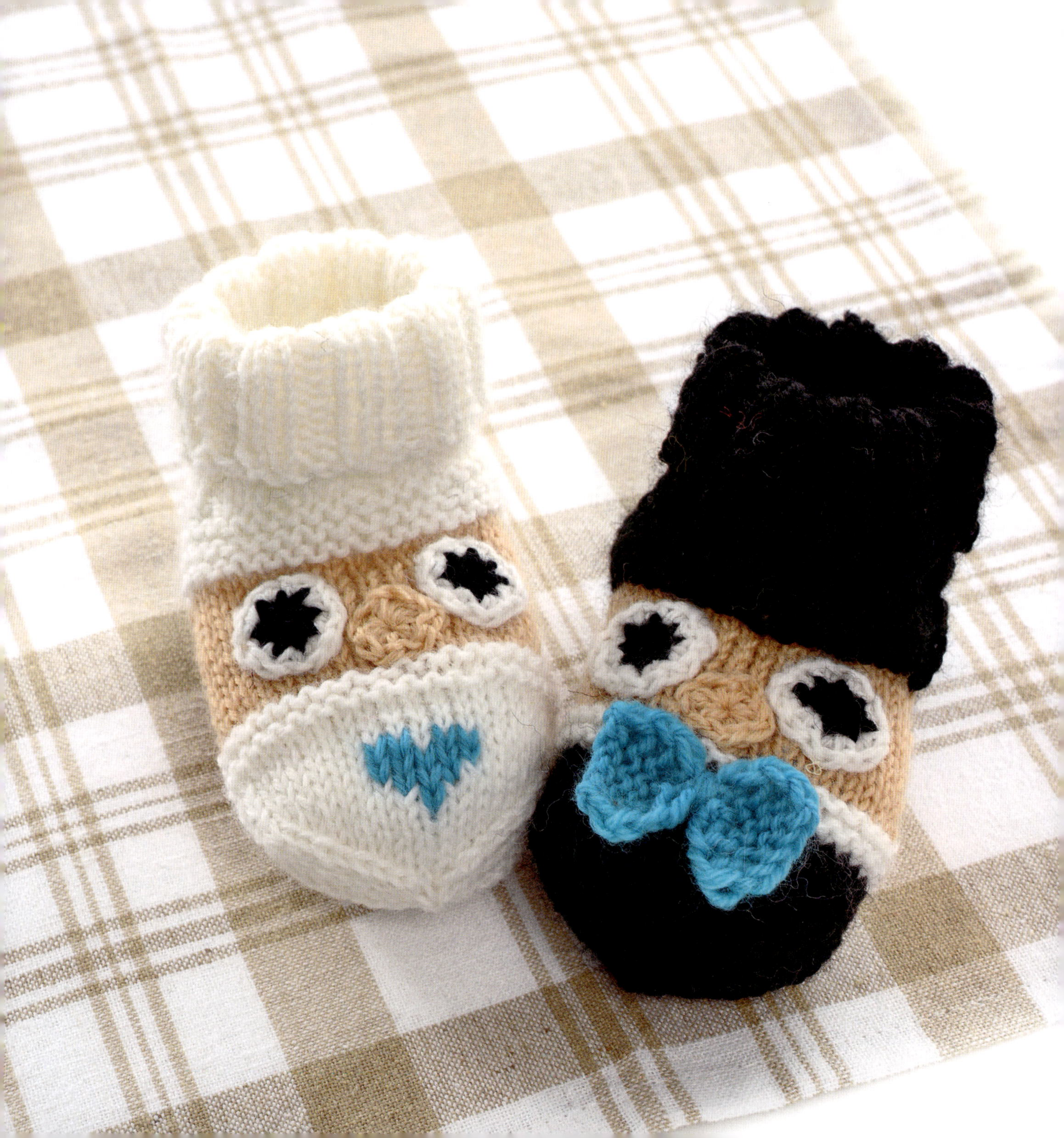

BRAUTSOCKEN

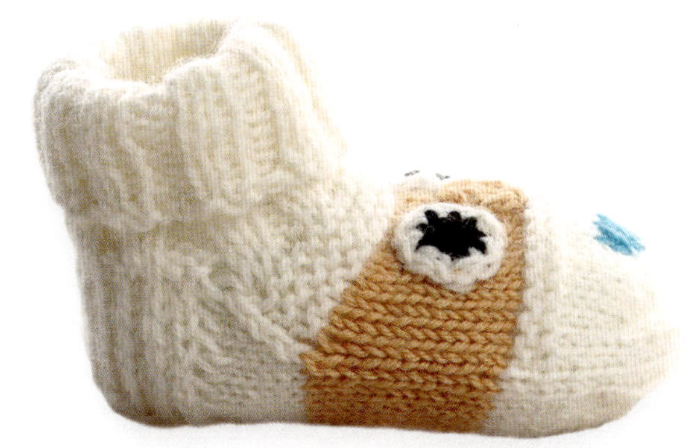

SIE BRAUCHEN

- Nadelspiel Nr. 3, Häkelnadel Nr. 2,5 und Nähnadel
- Novita Nalle in Schwarz und Weiß, Novita Ipana oder ein ähnliches Garn in Beige und Red Heart Baby in Türkis

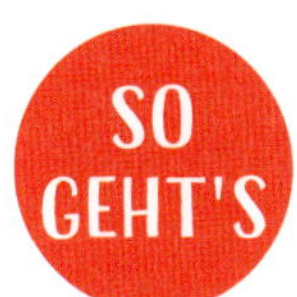

Mehrfarbige Socke: 40 M in Weiß anschlagen und auf 4 Nd des Nadelspiels gleichmäßig verteilen. Zur Runde schließen. 26 Rd (8 cm) im Rippenmuster (2 M re, 2 M li) stricken.

Eine (verstärkte) Ferse arbeiten, die Fersenmaschen für das Käppchen in drei Teile aufteilen (6-8-6).

Die Abnahmen für den Zwickel arbeiten und den Fußteil wie folgt stricken: Auf der Sockenoberseite mit der 2. und 3. Nd 6 Rd kraus re (1 Rd re, 1 Rd li). Auf der Sockenunterseite mit der 1. und 4. Nd glatt re. Auf der Sockenoberseite sind 3 Krausrippen zu sehen. 12 Rd glatt re in Beige. Mit der 2. und 3. Nd 4 Rd kraus re (1 Rd re, 1 Rd li) in Weiß. Auf der Sockenunterseite mit der 1. und 4. Nd glatt re. Auf der Sockenoberseite sind 2 Krausrippen zu sehen. 6 Rd glatt re in Weiß stricken bzw. bis der Fußteil inkl. Ferse 11 cm lang ist.

Die Abnahmen an der Spitze als Bandabnahmen ohne Zwischenrunden arbeiten. Die Länge von der Ferse bis zur Spitze beträgt 13 cm. Alle Fadenenden vernähen.

AUGEN

8 fM in Schwarz in einen Fadenring häkeln. Zu Weiß wechseln, in der nächsten Rd 2 fM in jede fM häkeln = 16 fM. Die Rd mit einer Km schließen. Ein langes Fadenende zum Annähen der Augen hängen lassen. Die anderen Fadenenden abschneiden und vernähen. Insgesamt 2 Augen häkeln.

NASE

14 hStb in Beige in einen Fadenring häkeln. Die Rd mit einer Km schließen. Ein langes Fadenende zum Annähen der Nase hängen lassen. Das andere Fadenende abschneiden und vernähen.

FERTIGSTELLUNG

Die Nase in der vorderen Mitte über den Krausrippen in Weiß mit dem Fadenende rundum fest annähen. Die Augen zu beiden Seiten der Nase mit dem Fadenende rundum fest annähen. Ein kleines Herz in Türkis im Maschenstich laut Zählmuster aufsticken. Alle Fadenenden vernähen.

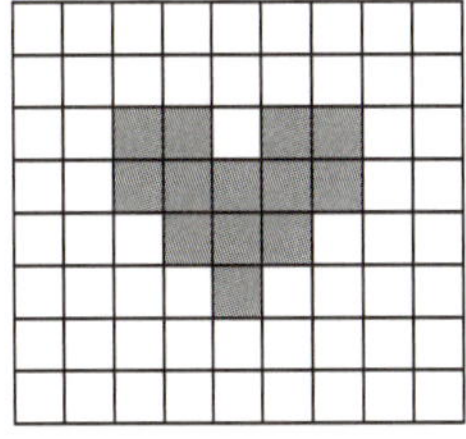

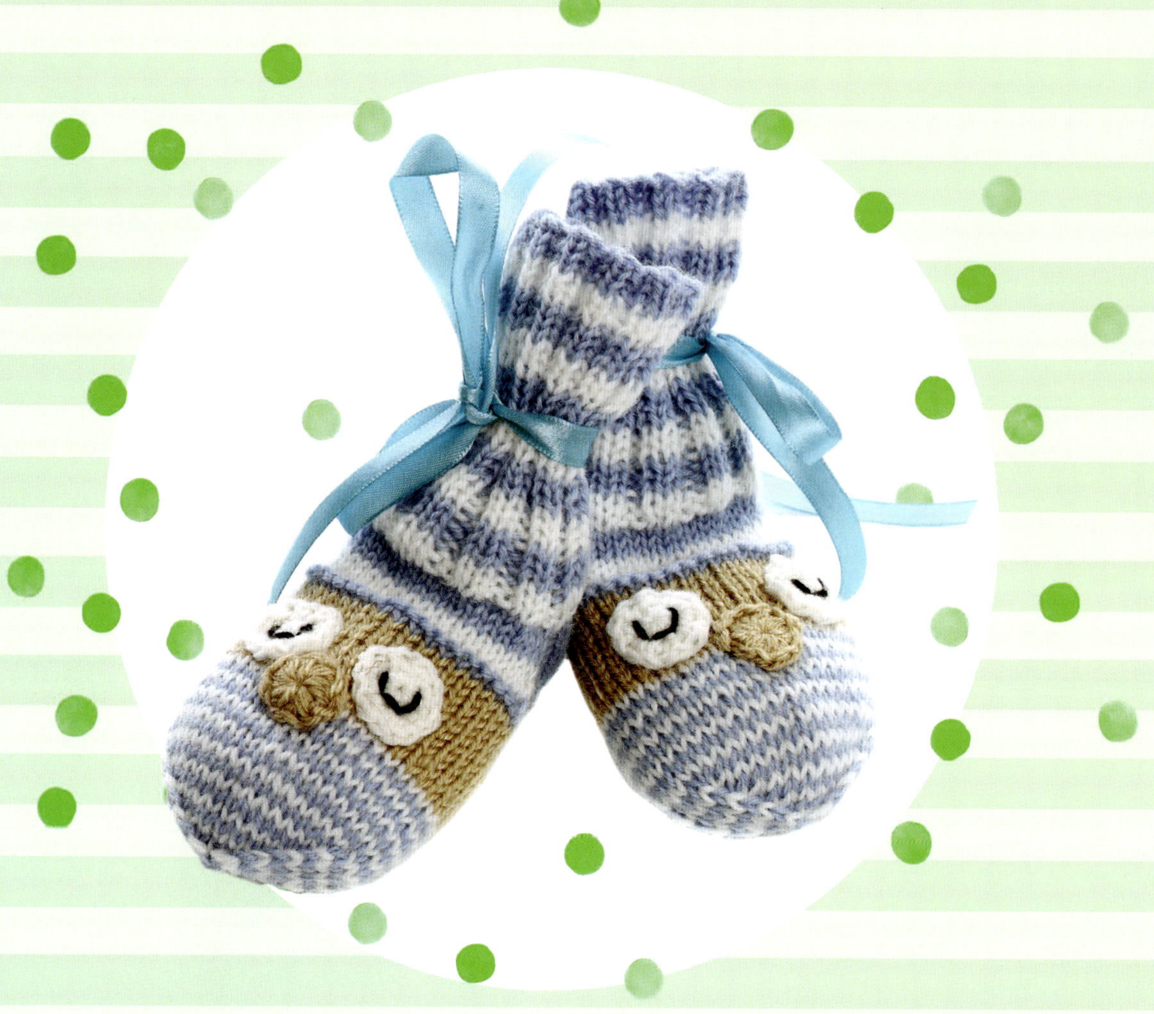

Bald kam das erste Kindelein,
es war ein Bübchen, hübsch und fein.

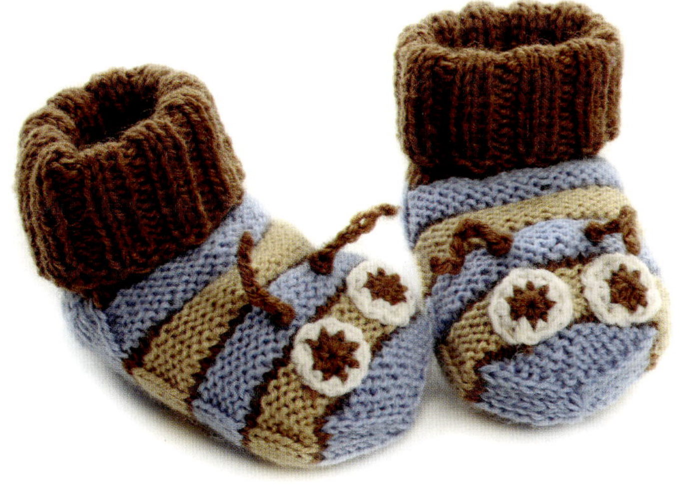

Herzsocken
Larvensocken
Gespenstersocken
Sandmännchensocken

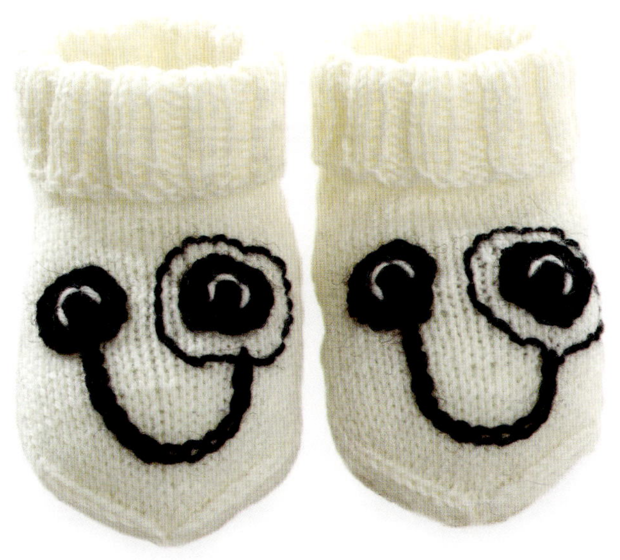

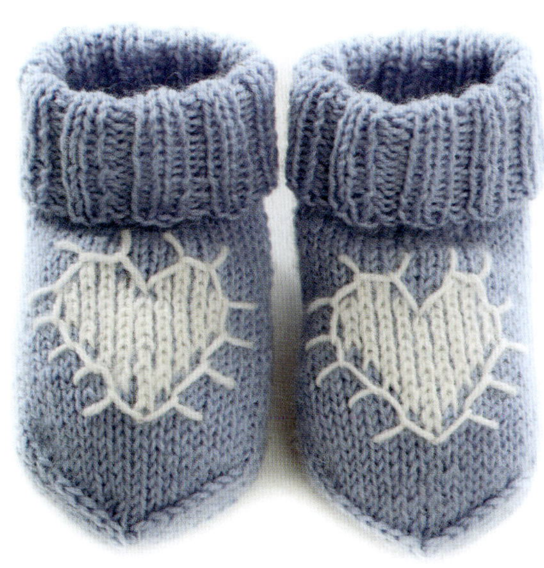

Herzsocken

SIE BRAUCHEN

- Nadelspiel Nr. 3 und Nähnadel
- Novita Nalle in Hellblau und Weiß

Bevor du das Licht der Welt erblickt,
hab ich Herzen auf die Socken gestickt.
Kaum warst du da,
hab ich dich sogleich geliebt
und auch mein Herz ist aufgeblüht.

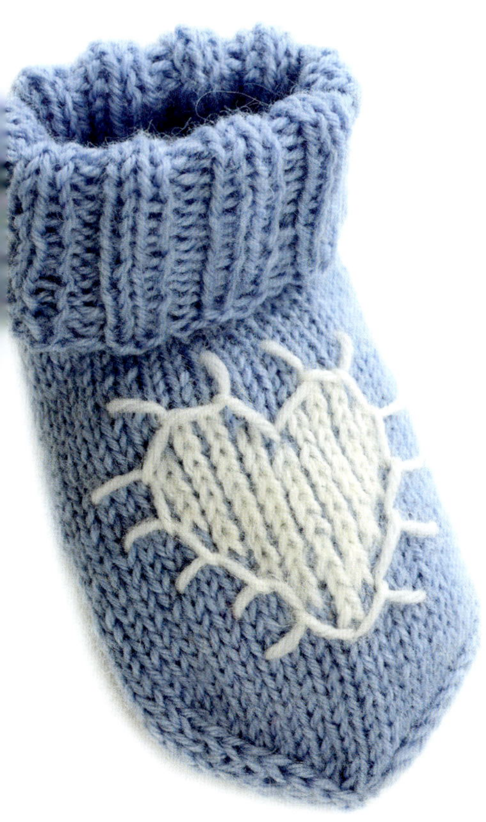

So geht's

Hellblaue Socken: 40 M anschlagen und auf 4 Nd des Nadelspiels gleichmäßig verteilen. Zur Runde schließen. 26 Rd (8 cm) im Rippenmuster (2 M re, 2 M li) stricken.

Eine (verstärkte) Ferse arbeiten, die Fersenmaschen für das Käppchen in drei Teile aufteilen (6-8-6).

Die Abnahmen für den Zwickel arbeiten und 28 Rd glatt re stricken bzw. bis der Fußteil inkl. Ferse 11 cm lang ist.

Die Abnahmen an der Spitze als Bandabnahmen ohne Zwischenrunden arbeiten. Die Länge von der Ferse bis zur Spitze beträgt 13 cm. Alle Fadenenden vernähen. Die 2. Socke genauso stricken.

FERTIGSTELLUNG

Die Herzen in Weiß im Maschenstich laut Zählmuster aufsticken. Die Herzen im Langettenstich umsticken, dabei den Faden nicht zu fest anziehen, damit die Stiche beim Tragen und Waschen der Socken elastisch bleiben.

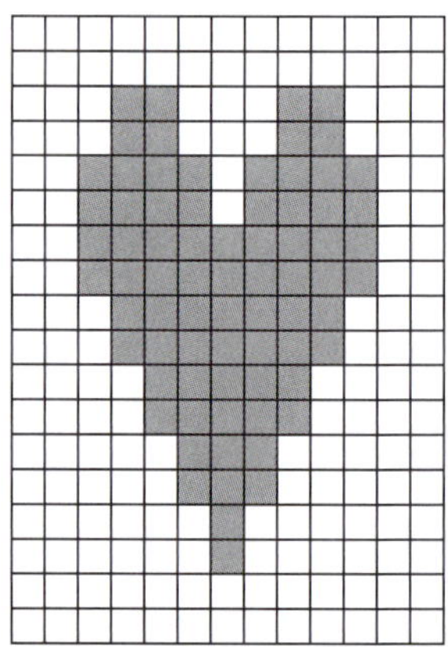

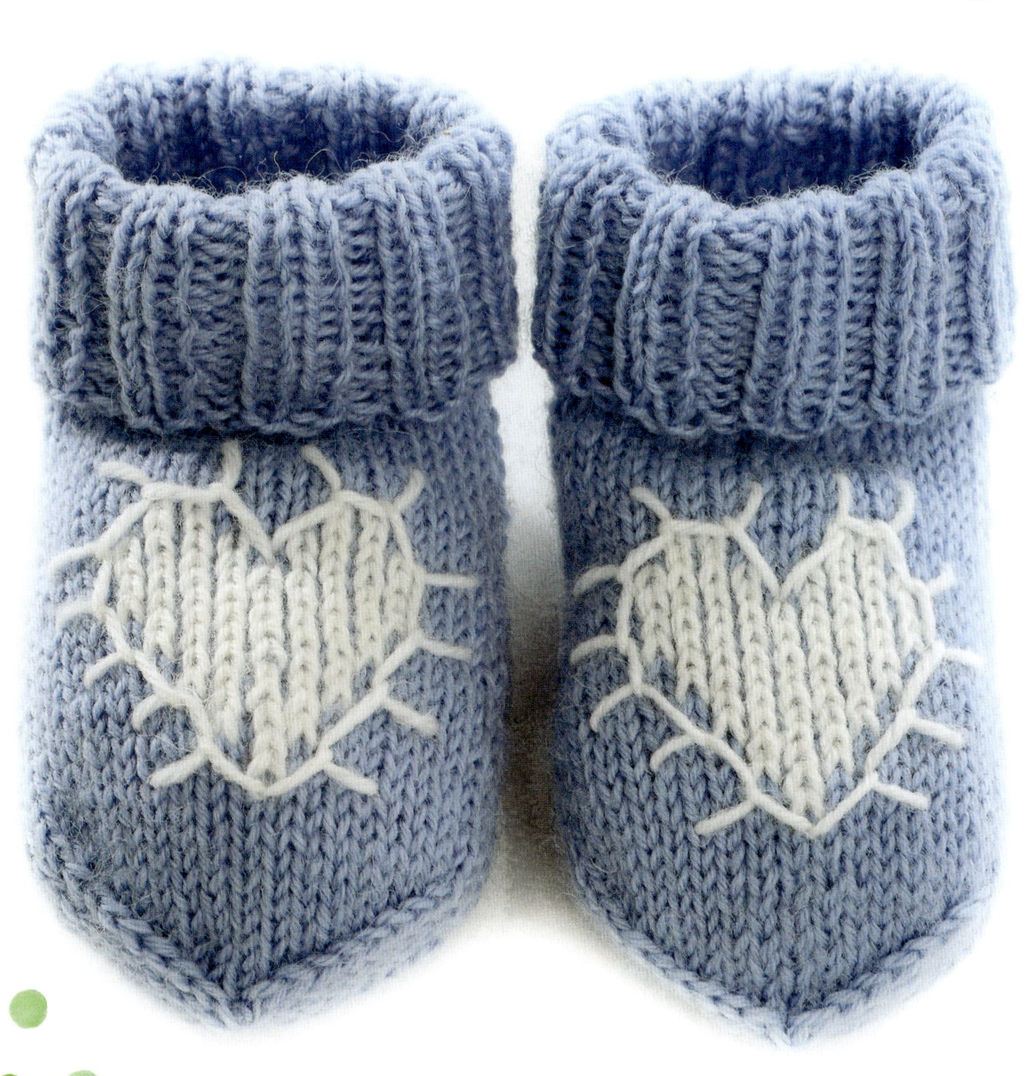

Larvensocken

SIE BRAUCHEN

- Nadelspiel Nr. 3, Häkelnadel Nr. 2,5 und Nähnadel
- Superwash-Garn in Braun, Novita Nalle in Hellblau und Weiß, Novita Ipana in Beige

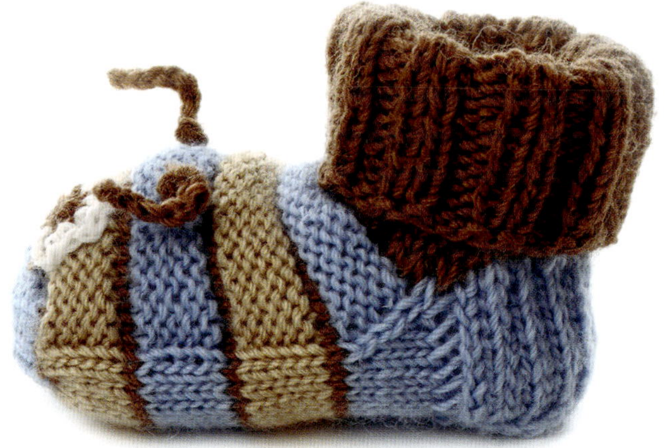

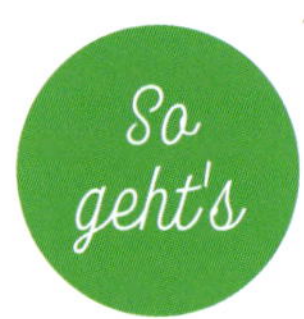

Dreifarbige Socken: 40 M in Braun anschlagen und auf 4 Nd des Nadelspiels gleichmäßig verteilen. Zur Runde schließen. 26 Rd (8 cm) im Rippenmuster (2 M re, 2 M li) stricken.

Zu Hellblau wechseln und eine (verstärkte) Ferse arbeiten, die Fersenmaschen für das Käppchen in drei Teile aufteilen (6-8-6).

Die Abnahmen für den Zwickel arbeiten und den Fußteil wie folgt stricken: Auf der Sockenunterseite mit der 1. und 4. Nd glatt re bis zur Sockenspitze. *Auf der Sockenoberseite mit der 2. und 3. Nd 6 Rd li in Hellblau, 1 Rd re in Braun, 6 Rd li in Beige und 1 Rd re in Braun.* Von * bis * bis zur Sockenspitze wdh. Wenn insgesamt 28 Rd gestrickt sind bzw. wenn der Fußteil inkl. Ferse 11 cm lang ist, die Abnahmen an der Spitze als Bandabnahmen ohne Zwischenrunden arbeiten. Die Länge von der Ferse bis zur Spitze beträgt 13 cm. Alle Fadenenden vernähen. Die 2. Socke genauso stricken.

AUGEN

8 fM in Braun in einen Fadenring häkeln. Zu Weiß wechseln, in der nächsten Rd 2 fM in jede fM häkeln = 16 fM. Die Rd mit einer Km schließen. Ein langes Fadenende zum Annähen der Augen hängen lassen. Die anderen Fadenenden abschneiden und vernähen. Die Augen mit dem langen Fadenende rundum fest annähen. Insgesamt 4 Augen häkeln.

FÜHLER

30 Lm in Braun häkeln. Den Faden abschneiden und durch die Lm-Kette ziehen. Ein Fühlerende mit der Häkelnadel oberhalb der Augen durch die Socke nach innen und 1,5 cm daneben wieder nach außen ziehen. Die Fühlerenden auf der Sockenoberseite sollen gleich lang sein. Jeweils einen Knoten in die Fühler machen, damit sie nicht verrutschen. Insgesamt 2 Fühler häkeln.

Alle Wollmäuse in unserm Haus rennen raus, wenn unsere kleinen Larven über den Boden jagen.

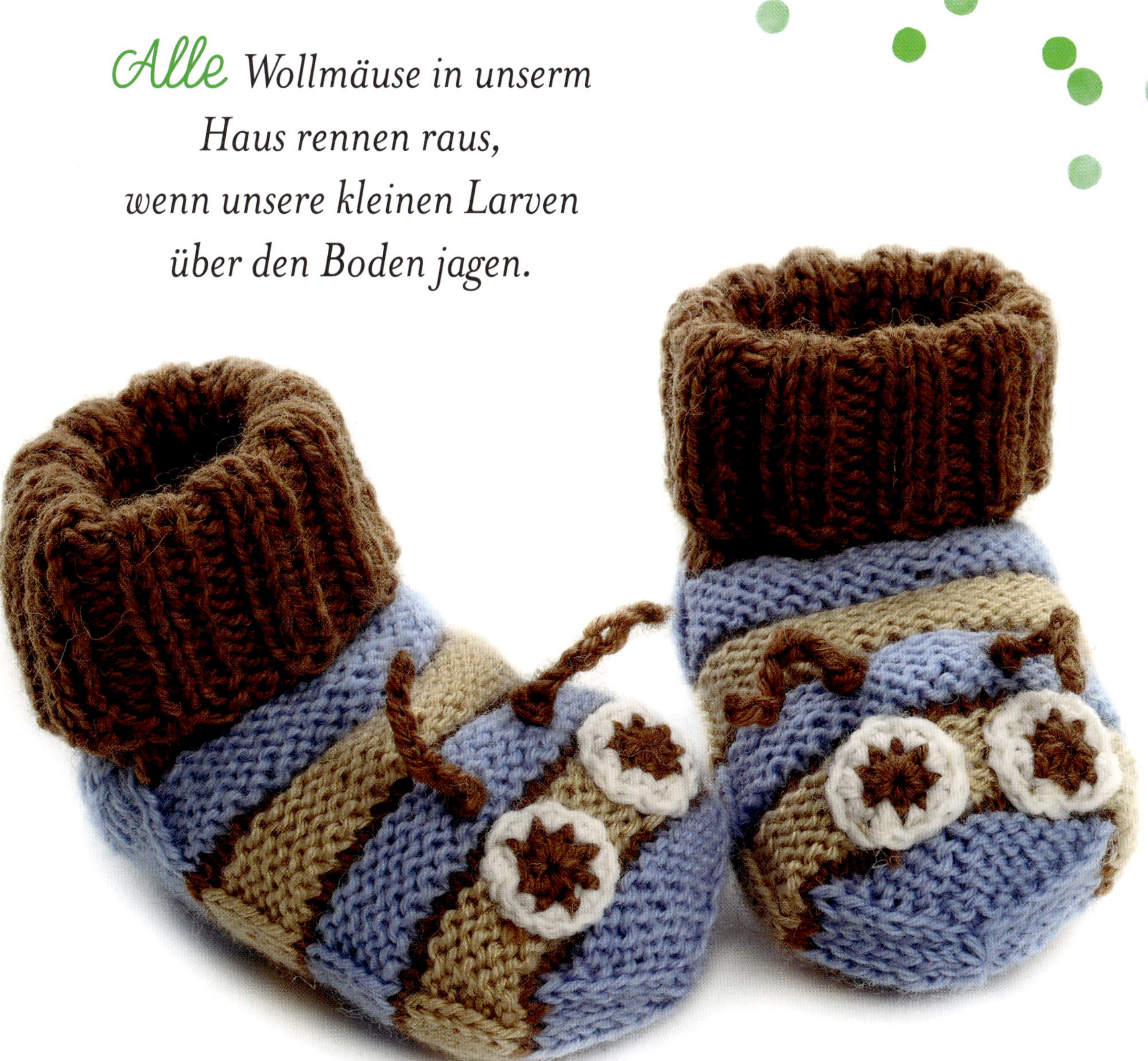

Gespenstersocken

Ein kleines Gespenst erwachte frühmorgens, stand aus seinem Bette auf und fing an zu spielen.

SIE BRAUCHEN

- Nadelspiel Nr. 3, Häkelnadel Nr. 2,5 und Nähnadel
- Novita Nalle in Schwarz und Weiß

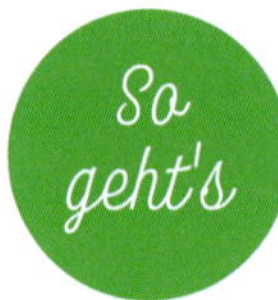

Weiße Socken: 40 M anschlagen und auf 4 Nd des Nadelspiels gleichmäßig verteilen. Zur Runde schließen. 26 Rd (8 cm) im Rippenmuster (2 M re, 2 M li) stricken.

Eine (verstärkte) Ferse arbeiten, die Fersenmaschen für das Käppchen in drei Teile aufteilen (6-8-6).

Die Abnahmen für den Zwickel arbeiten und 28 Rd glatt re stricken bzw. bis der Fußteil inkl. Ferse 11 cm lang ist.

Die Abnahmen an der Spitze als Bandabnahmen ohne Zwischenrunden arbeiten. Die Länge von der Ferse bis zur Spitze beträgt 13 cm. Alle Fadenenden vernähen. Die 2. Socke genauso stricken.

AUGEN

8 fM in Schwarz in einen Fadenring häkeln. In der nächsten Rd 2 fM in jede fM häkeln = 16 fM. Die Rd mit einer Km schließen. Ein langes Fadenende zum Annähen der Augen hängen lassen. Kleine Bogen in Weiß auf die Augen sticken. Die Fadenenden abschneiden und vernähen. Insgesamt 4 Augen häkeln.

FERTIGSTELLUNG

Die Augen mit dem langen Fadenende rundum fest annähen. Mit kleinen Steppstichen in Schwarz einen Kreis um ein Auge herum sticken. Der Kreis braucht nicht symmetrisch zu sein. Zum Schluss von der unteren Kante des Kreises an dem einen Auge bis zur unteren Kante des anderen Auges einen lachenden Mund im Kettenstich aufsticken. Den Faden dabei nicht zu fest anziehen, damit die Stiche beim Tragen und Waschen der Socken elastisch bleiben. Alle Fadenenden vernähen.

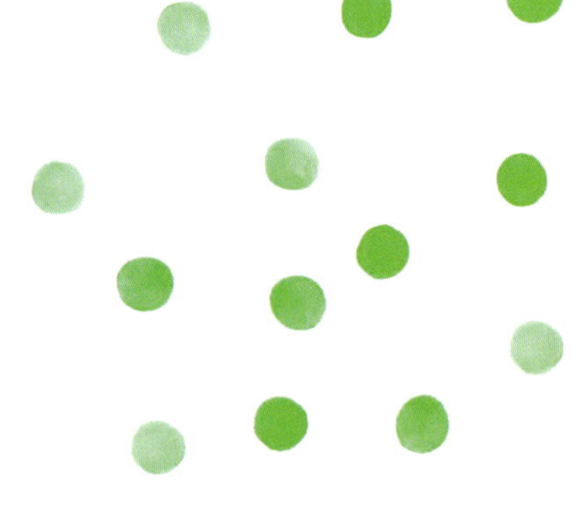

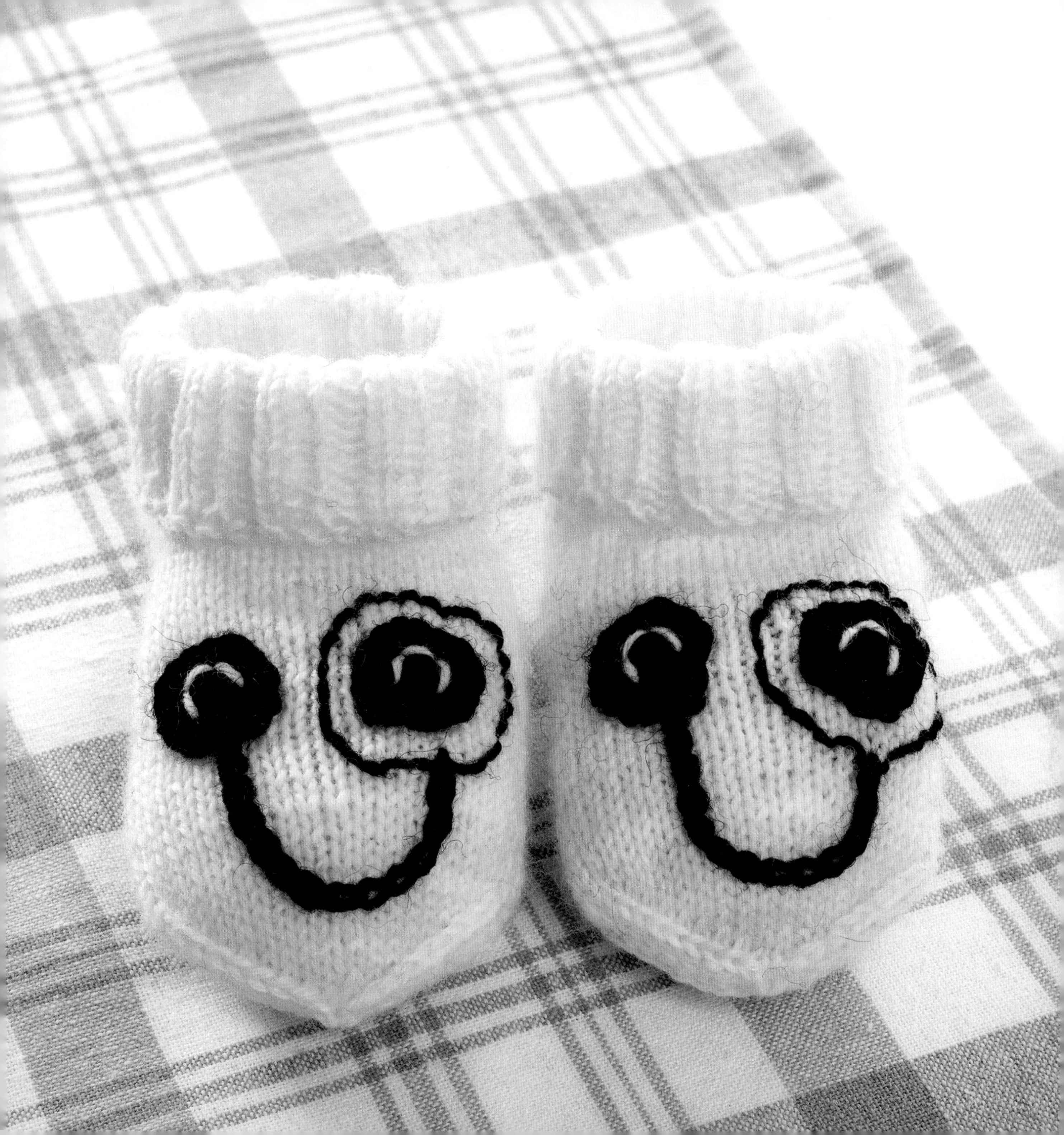

Sandmännchensocken

SIE BRAUCHEN

- Nadelspiel Nr. 3, Häkelnadel Nr. 2,5 und Nähnadel
- Novita Nalle in Hellblau, Weiß und Schwarz, Novita Ipana in Beige

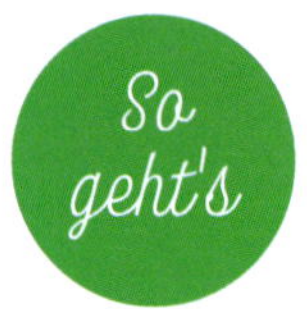

Gestreifte Socken (1 Streifen = 3 Rd, Hellblau und Weiß im Wechsel): 40 M in Hellblau anschlagen und auf 4 Nd des Nadelspiels gleichmäßig verteilen. Zur Runde schließen. 30 Rd (= 10 Streifen) im Rippenmuster (2 M re, 2 M li) stricken.

Eine (verstärkte) Ferse in Hellblau arbeiten, die Fersenmaschen für das Käppchen in drei Teile aufteilen (6-8-6).

Die Abnahmen für den Zwickel arbeiten und den Fußteil wie folgt stricken: Je 1 Streifen in Hellblau und in Weiß arbeiten (= 6 Rd). Dann in Hellblau mit der 2. und 3. Nd auf der Sockenoberseite 1 Rd re und 1 Rd li, mit der 1. und 4. Nd auf der Sockenunterseite glatt re stricken. Auf der Sockenoberseite ist 1 Krausrippe zu sehen. 10 Rd re in Beige. Dann in Streifen (1 Streifen = 1 Rd) weiter bis zur Spitze arbeiten, dabei mit Weiß beginnen. Insgesamt 28 Rd stricken bzw. bis der Fußteil inkl. Ferse 11 cm lang ist.

Die Abnahmen an der Spitze als Bandabnahmen ohne Zwischenrunden arbeiten. Die Länge von der Ferse bis zur Spitze beträgt 13 cm. Alle Fadenenden vernähen. Die 2. Socke genauso stricken.

AUGEN

8 fM in Weiß in einen Fadenring häkeln. In der nächsten Rd 2 fM in jede fM häkeln = 16 fM. Die Rd mit einer Km schließen. Ein langes Fadenende zum Annähen der Augen hängen lassen. Kleine Bogen in Schwarz auf die Augen sticken. Die Fadenenden abschneiden und vernähen. Insgesamt 4 Augen häkeln.

NASE

14 hStb in Beige in einen Fadenring häkeln. Die Rd mit einer Km schließen. Ein langes Fadenende zum Annähen der Nase hängen lassen. Das andere Fadenende abschneiden und vernähen. Insgesamt 2 Nasen häkeln.

FERTIGSTELLUNG

Die Nase in der vorderen Mitte halb über den Streifen mit dem langen Fadenende rundum fest annähen. Die Augen zu beiden Seiten der Nase mit dem langen Fadenende rundum fest annähen. Alle Fadenenden vernähen.

Abend wird es wieder,
nun ist's Zeit, dass ihr
Kinder legt euch nieder,
denn das Sandmännchen ist hier.

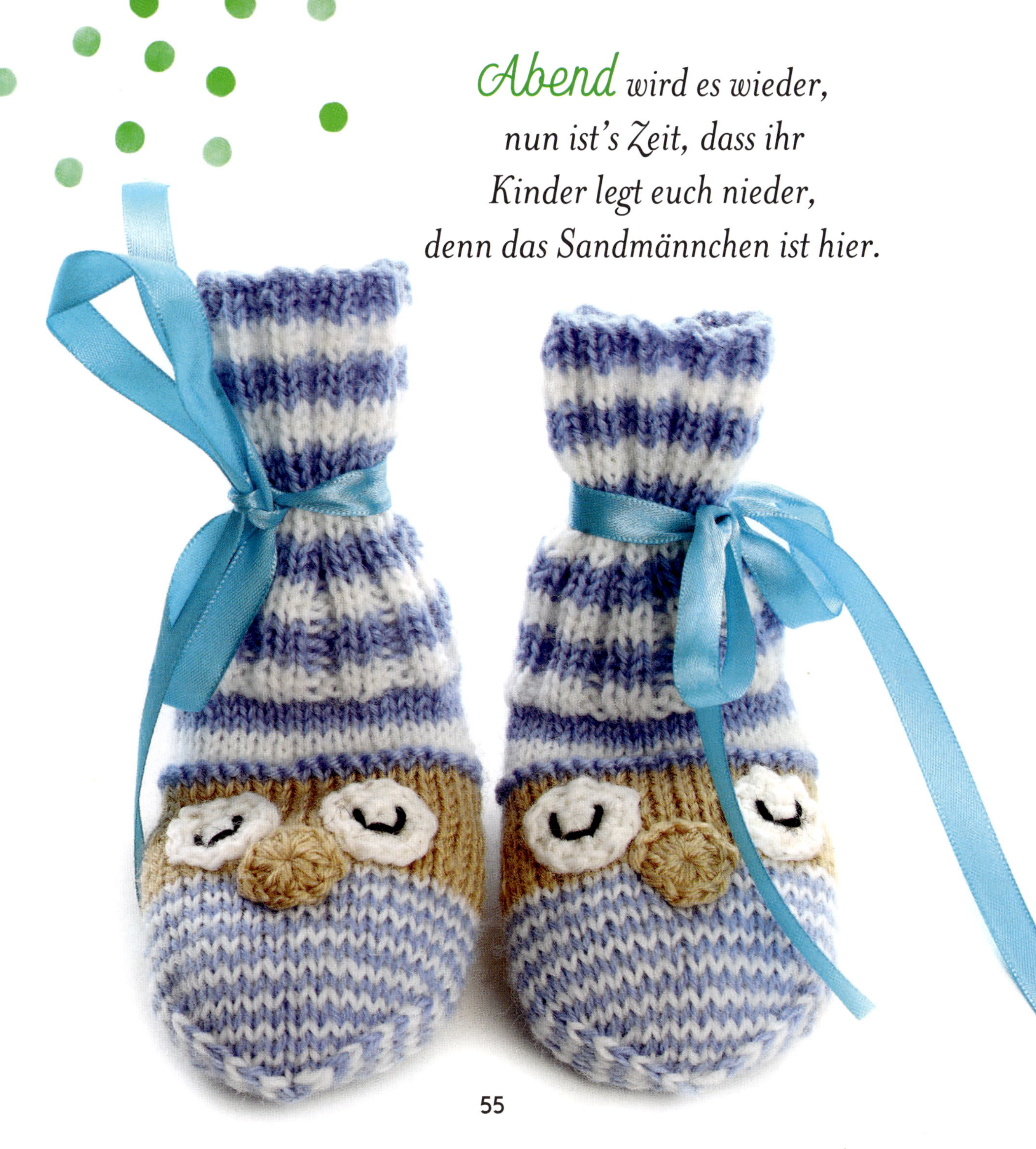

Bienensocken
Seeräubersocken
Rallyesocken
Kürbissocken
Wichtelsocken
Smokingsocken

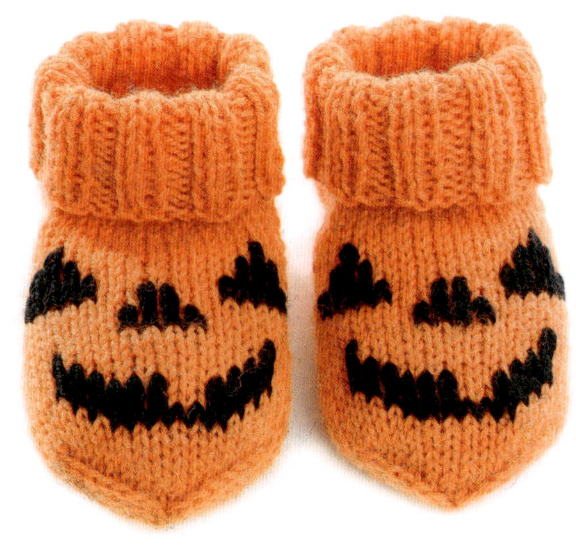

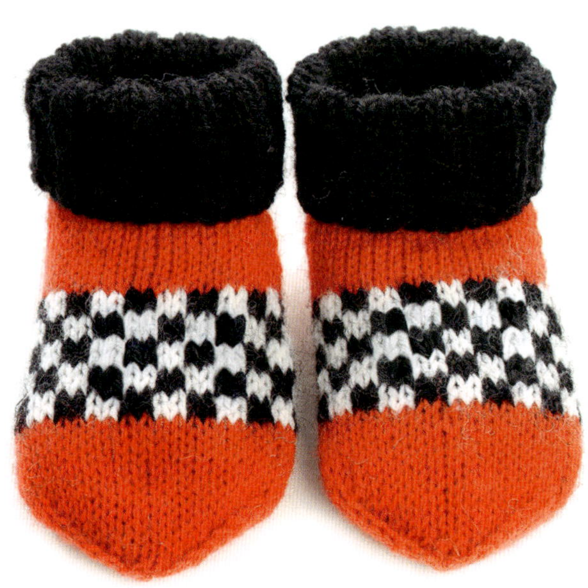

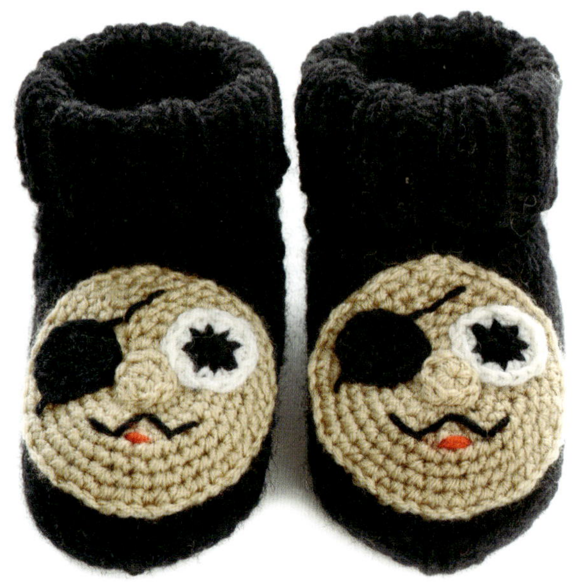

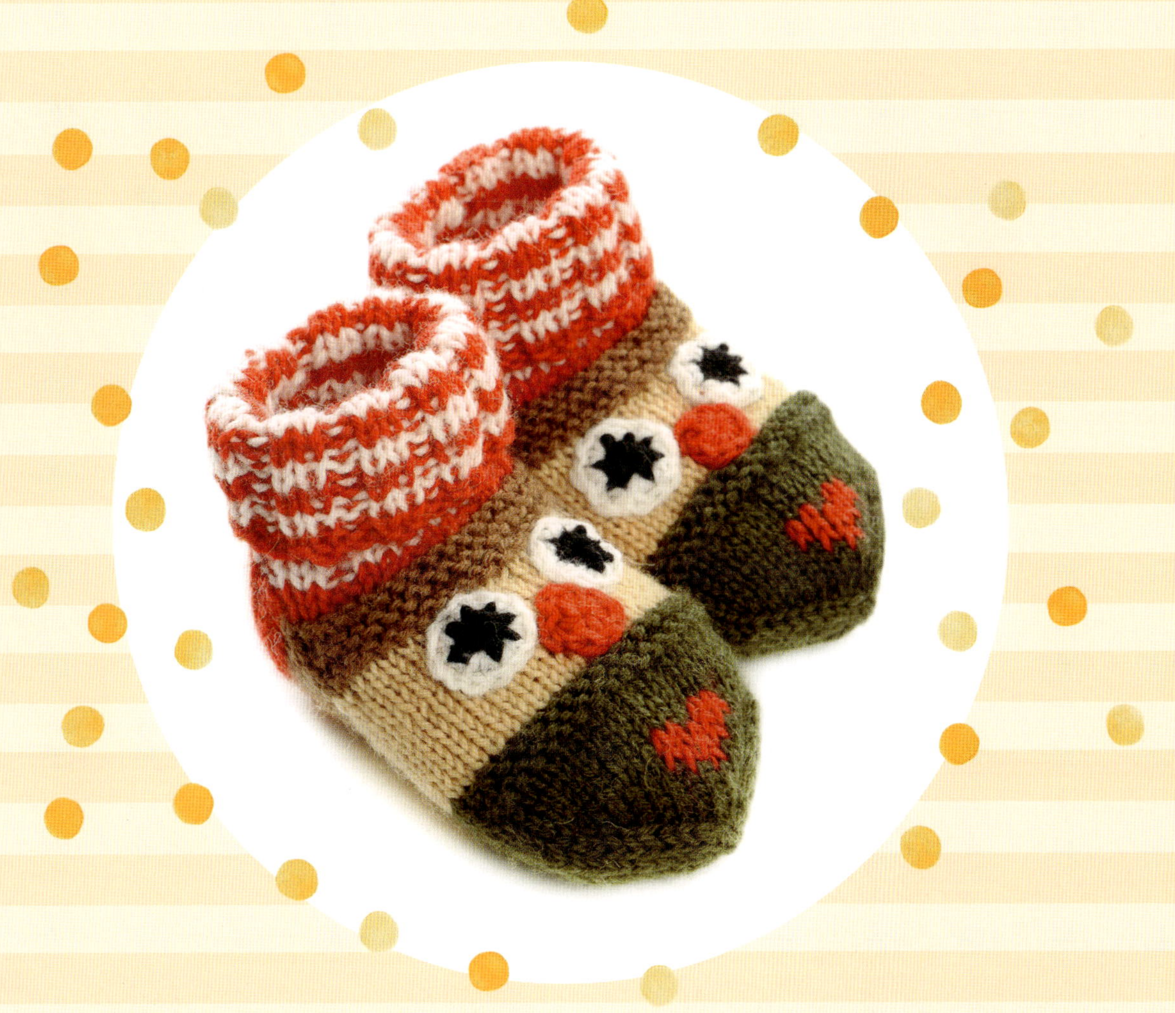

DU *wirst ein Pirat in ganzer Pracht,*
das hab ich mir sofort gedacht.

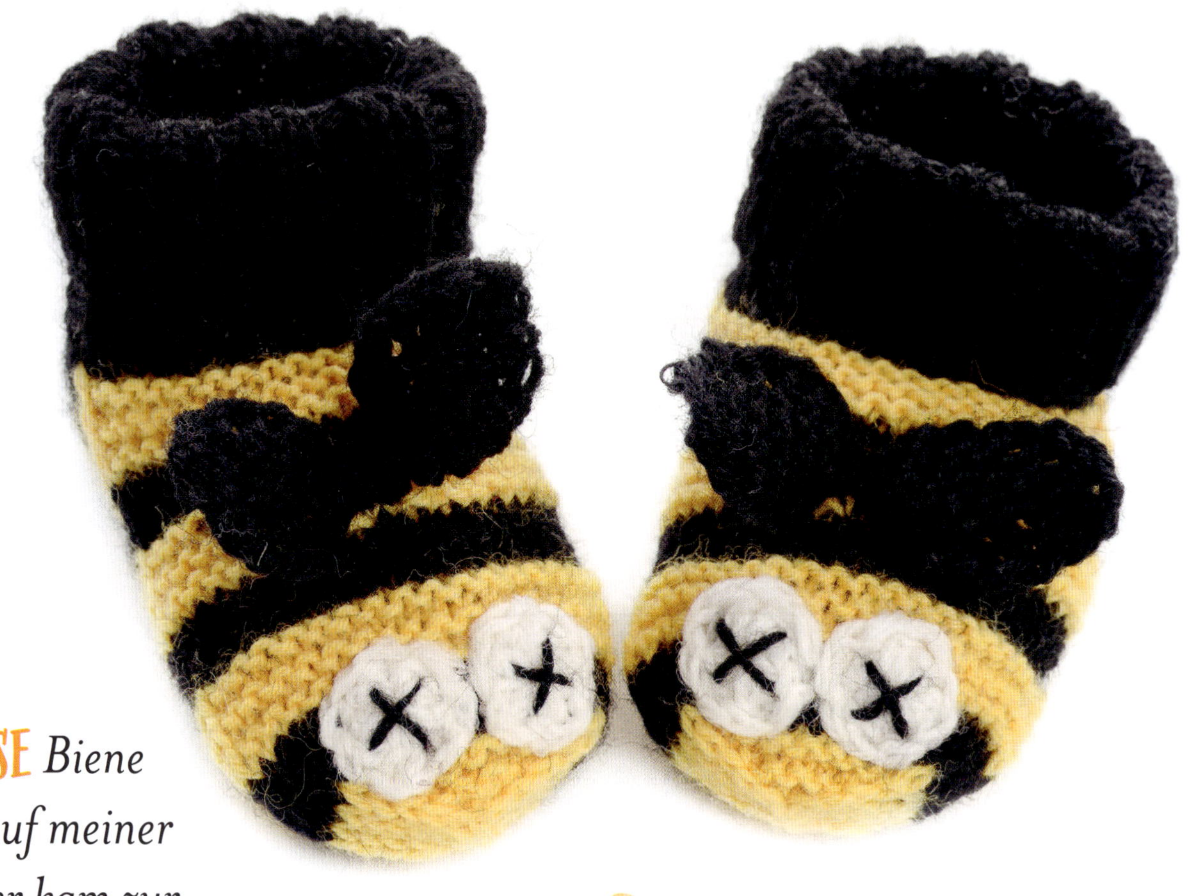

SÜSSE *Biene klein auf meiner Schulter kam zur Ruh. Leise flüstert' ich ihr zu: Lass uns gute Freunde sein.*

BIENENSOCKEN

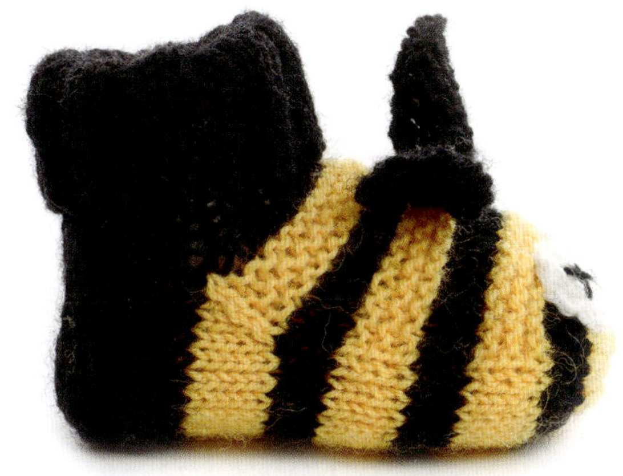

SIE BRAUCHEN

- Nadelspiel Nr. 3, Häkelnadel Nr. 2,5 und Nähnadel
- Novita Nalle in Schwarz, Gelb und Weiß

SO GEHT'S

Zweifarbige Socken: 40 M in Schwarz anschlagen und auf 4 Nd des Nadelspiels gleichmäßig verteilen. Zur Runde schließen. 26 Rd (8 cm) im Rippenmuster (2 M re, 2 M li) stricken.

Eine (verstärkte) Ferse arbeiten, die Fersenmaschen für das Käppchen in drei Teile aufteilen (6-8-6).

Die Abnahmen für den Zwickel arbeiten und den Fußteil wie folgt stricken: *In Gelb mit der 2. und 3. Nd auf der Sockenoberseite 6 Rd kraus re (1 Rd re, 1 Rd li), mit der 1. und 4. Nd auf der Sockenunterseite glatt re stricken. Auf der Sockenoberseite sind 3 Krausrippen zu sehen. 4 Rd glatt re in Schwarz.* Von * bis * bis zur Sockenspitze wdh.

Wenn insgesamt 28 Rd gestrickt sind bzw. wenn der Fußteil inkl. Ferse 11 cm lang ist, die Abnahmen an der Spitze als Bandabnahmen ohne Zwischenrunden arbeiten. Die Länge von der Ferse bis zur Spitze beträgt 13 cm. Alle Fadenenden vernähen. Die 2. Socke genauso stricken.

AUGEN

14 hStb in Weiß in einen Fadenring häkeln. Die Rd mit einer Km schließen. Ein langes Fadenende zum Annähen der Augen hängen lassen. Kleine Kreuze in Schwarz auf die Augen sticken. Die Fadenenden abschneiden und vernähen. Insgesamt 4 Augen häkeln.

FLÜGEL

Die Flügel werden kraus re in Hin- und Rückreihen gestrickt: 3 M in Schwarz anschlagen und 1 R re stricken. Dann in jeder 2. R beidseitig je 1 M zunehmen, bis 7 M auf der Nadel sind. Bis zu einer Gesamtlänge von 7 cm stricken. Dann in jeder 2. R beidseitig je 1 M abnehmen, bis noch 3 M übrig sind. Diese M zusammenstricken. Den Faden durch die letzte M ziehen und abschneiden. Insgesamt 2 Flügel stricken.

FERTIGSTELLUNG

Die Augen dicht nebeneinander mit dem langen Fadenende an der Sockenspitze rundum fest annähen. Die Flügel in der Mitte falten und mit schwarzem Faden auf dem 2. gelben Streifen am Fußteil mittig annähen.

NIEMAND *kann entgehen*
des kleinen Seeräubers Schwert,
wenn er trotz heft'gem Flehen
den Schatz aus der Sandkiste begehrt.

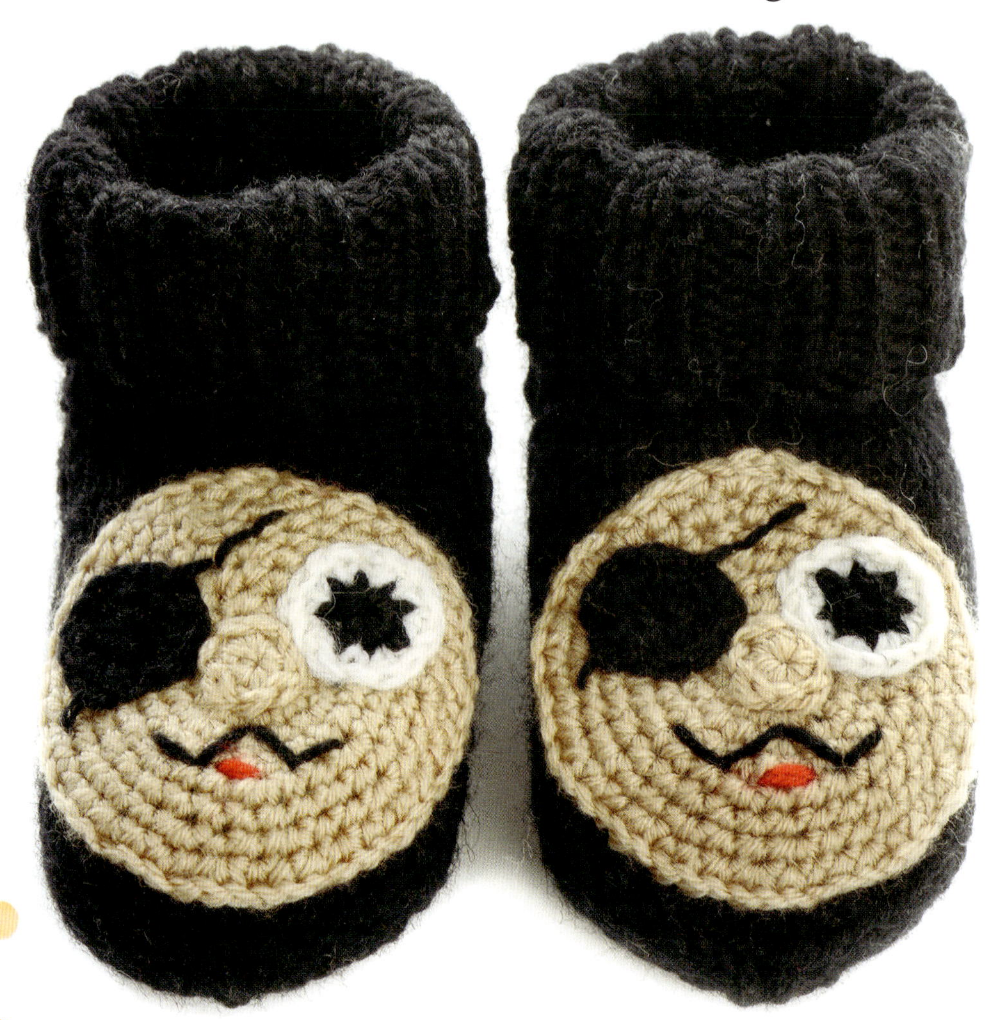

SEERÄUBERSOCKEN

SIE BRAUCHEN

- Nadelspiel Nr. 3, Häkelnadel Nr. 2,5 und Nähnadel
- Novita Nalle in Schwarz, Weiß und Rot, Novita Ipana in Beige

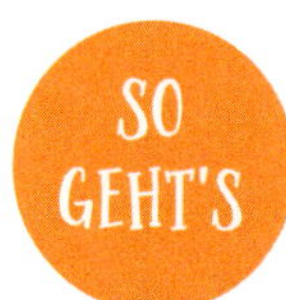

Schwarze Socken: 40 M anschlagen und auf 4 Nd des Nadelspiels gleichmäßig verteilen. Zur Runde schließen. 26 Rd (8 cm) im Rippenmuster (2 M re, 2 M li) stricken.

Eine (verstärkte) Ferse arbeiten, die Fersenmaschen für das Käppchen in drei Teile aufteilen (6-8-6).

Die Abnahmen für den Zwickel arbeiten und 28 Rd glatt re stricken bzw. bis der Fußteil inkl. Ferse 11 cm lang ist.

Die Abnahmen an der Spitze als Bandabnahmen ohne Zwischenrunden arbeiten. Die Länge von der Ferse bis zur Spitze beträgt 13 cm. Alle Fadenenden vernähen. Die 2. Socke genauso stricken.

GESICHT

Kreis in Beige: 8 fM in einen Fadenring häkeln. Nächste Rd: 2 fM in jede fM = 16 fM. 3. Rd: 2 fM in jede 2. fM = 24 fM. 4. Rd: keine Zunahmen. 5. Rd: 2 fM in jede 3. fM = 32 fM. 6. Rd: keine Zunahmen. 7. Rd: 2 fM in jede 3. fM = 42 fM. Letzte Rd: 2 fM in jede 4. fM, plus 2 fM = 52 fM. Die Rd immer mit einer Km schließen. Ein langes Fadenende zum Annähen des Gesichts hängen lassen. Insgesamt 2 Kreise häkeln.

AUGEN

8 fM in Schwarz in einen Fadenring häkeln. Zu Weiß wechseln und in der nächsten Rd 2 fM in jede fM häkeln = 16 fM. Die Rd mit einer Km schließen. Ein langes Fadenende zum Annähen der Augen hängen lassen. Fadenenden abschneiden und vernähen. Insgesamt 2 Augen häkeln.

AUGENKLAPPE

8 fM in Schwarz in einen Fadenring häkeln. In der nächsten Rd 2 fM in jede fM häkeln = 16 fM. Die Rd mit einer Km schließen. Ein langes Fadenende zum Annähen der Augenklappe hängen lassen. Das andere Fadenende abschneiden und vernähen. Insgesamt 2 Augenklappen häkeln.

NASE

14 hStb in Beige in einen Fadenring häkeln. Die Rd mit einer Km schließen. Ein langes Fadenende zum Annähen der Nase hängen lassen. Das andere Fadenende abschneiden und vernähen. Insgesamt 2 Nasen häkeln.

FERTIGSTELLUNG

Die Nase mit dem langen Fadenende mitten auf dem Gesicht rundum fest annähen. Eine Augenklappe an einer Seite der Nase und ein Auge auf der anderen Seite der Nase mit dem langen Fadenende rundum fest annähen. Das Band der Augenklappe und einen Schnauzer unter der Nase im Steppstich in Schwarz aufsticken. Den Mund in Rot aufsticken. Alle Fadenenden abschneiden und vernähen. Das Gesicht mit dem langen Fadenende rundum fest annähen.

DER *flotte kleine Rallyefahrer*
fuhr mit seinem Auto rum.
Groß war das Getöse,
laut war das Gebrumm.

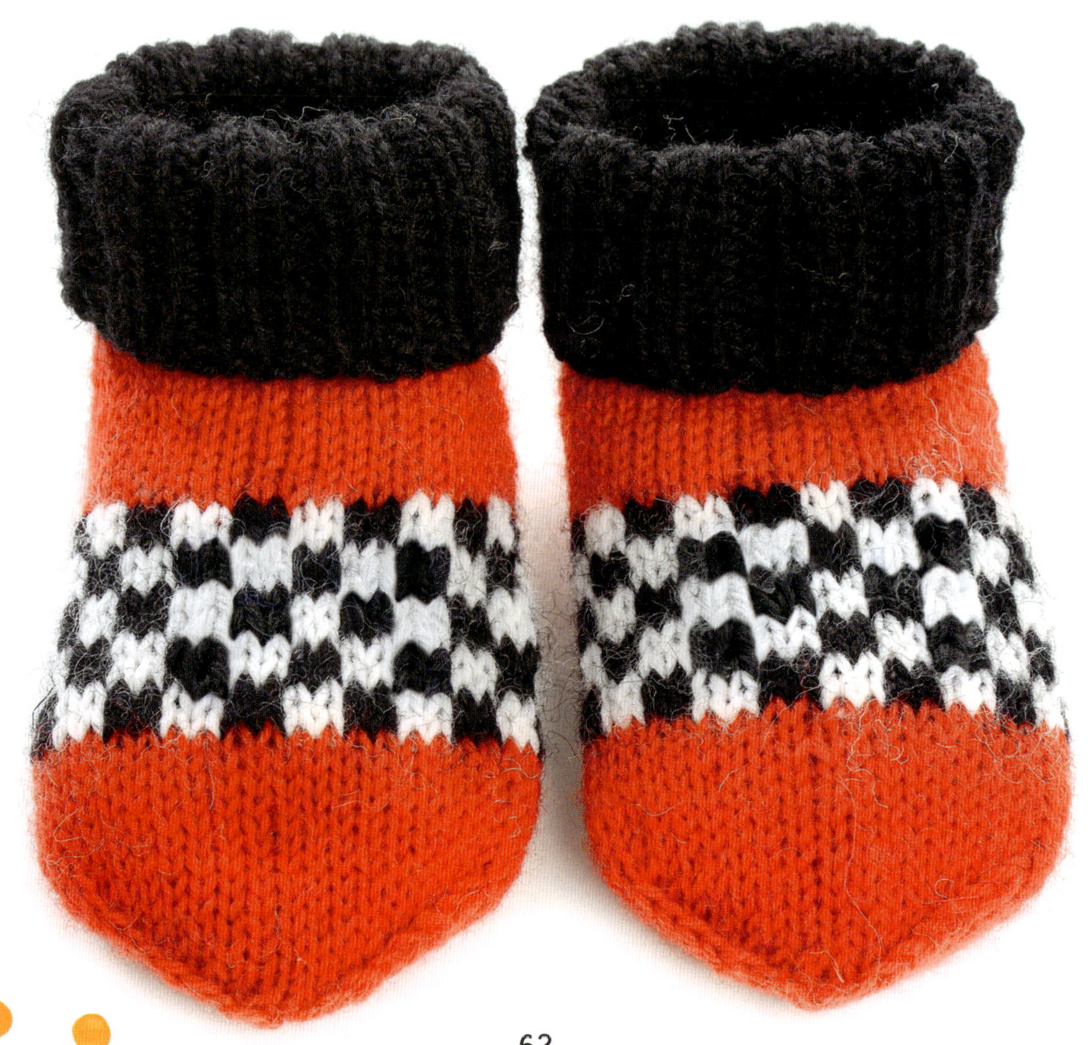

RALLEYSOCKEN

SIE BRAUCHEN

- Nadelspiel Nr. 3
- Novita Nalle in Schwarz, Rot und Weiß

SO GEHT'S

Dreifarbige Socken: 40 M in Schwarz anschlagen und auf 4 Nd des Nadelspiels gleichmäßig verteilen. Zur Runde schließen. 26 Rd (8 cm) im Rippenmuster (2 M re, 2 M li) stricken.

Eine (verstärkte) Ferse in Rot arbeiten, die Fersenmaschen für das Käppchen in drei Teile aufteilen (6-8-6).

Die Abnahmen für den Zwickel arbeiten und den Fußteil wie folgt stricken: 10 Rd in Rot glatt re. Dann das zweifarbige Muster beginnen: *2 M in Schwarz, 2 M in Weiß*. Von * bis * bis Rd-Ende wdh. 2 Rd stricken. In der nächsten Rd *2 M in Weiß, 2 M in Schwarz.* Von * bis * bis Rd-Ende wdh. 2 Rd stricken. In diesem Muster insgesamt 10 Rd (= 5 x 2 Rd der Höhe nach) stricken. Zu Rot wechseln, 8 Rd glatt re stricken bzw. bis der Fußteil inkl. Ferse 11 cm lang ist.

Die Abnahmen an der Spitze als Bandabnahmen ohne Zwischenrunden arbeiten. Die Länge von der Ferse bis zur Spitze beträgt 13 cm. Alle Fadenenden vernähen. Die 2. Socke genauso stricken.

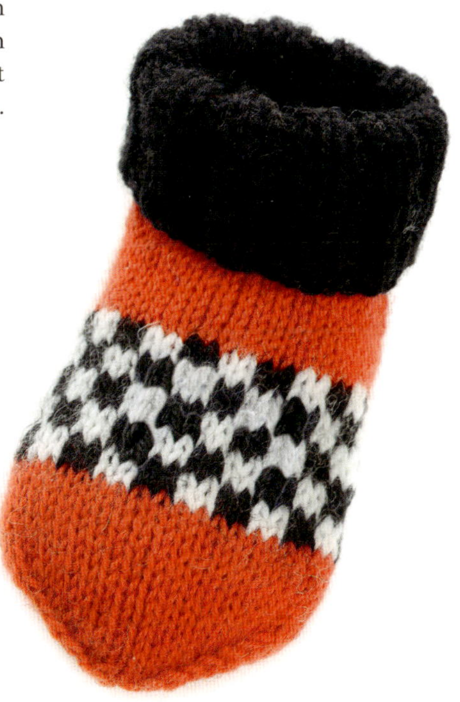

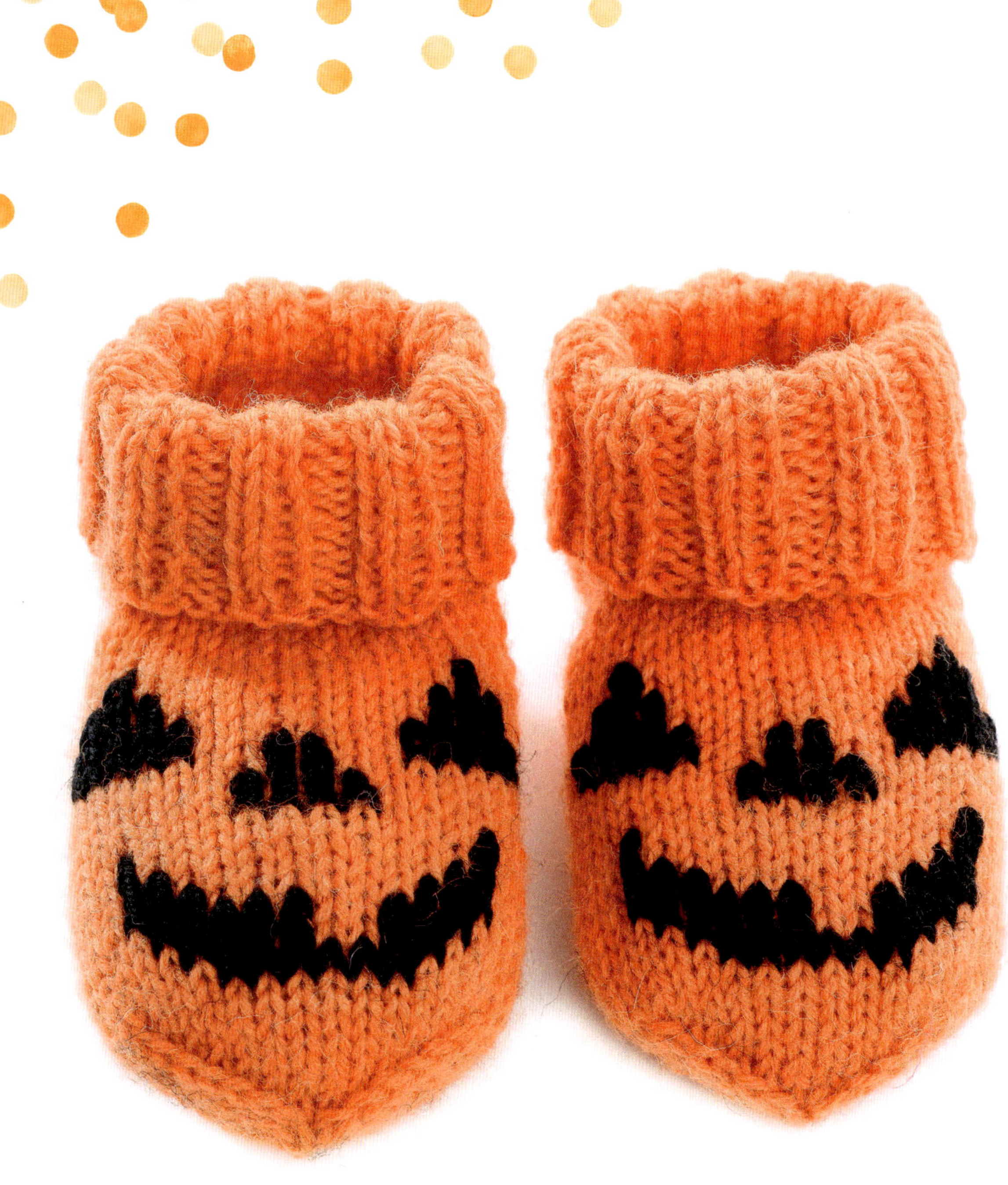

KÜRBISSOCKEN

*OH, welch ein Spleen,
wie gruselig ist Halloween,
aber diese Socken hier
machen gute Laune dir.*

SIE BRAUCHEN

- Nadelspiel Nr. 3 und Nähnadel
- Novita 7 Veljestä in Orange und Schwarz

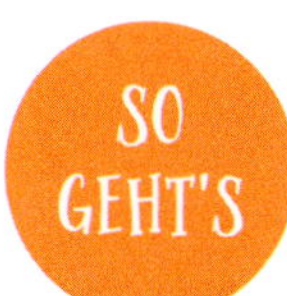

Orange Socken aus Novita 7 Veljestä (Lauflänge 100 m/ 50 g; Sie können auch ein dünneres Superwash-Garn mit einer Lauflänge von 130 m/50 g verwenden und nach der Grundanleitung stricken):

36 M in Orange anschlagen und auf 4 Nd des Nadelspiels gleichmäßig verteilen (= 9 M pro Nd). Zur Runde schließen. 24 Rd (8 cm) im Rippenmuster (2 M re, 2 M li) stricken.

Eine (verstärkte) Ferse über 18 M arbeiten, die Maschen für das Käppchen in drei Teile aufteilen (6-6-6).

Die Abnahmen für den Zwickel arbeiten und 24 Rd glatt re stricken bzw. bis der Fußteil inkl. Ferse 11 cm lang ist.

Die Abnahmen an der Spitze als Bandabnahmen ohne Zwischenrunden arbeiten. Die Länge von der Ferse bis zur Spitze beträgt 13 cm. Alle Fadenenden vernähen. Die 2. Socke genauso stricken.

FERTIGSTELLUNG

Das Kürbisgesicht laut Zählmuster im Maschenstich in Schwarz auf die Sockenoberseite sticken. Alle Fadenenden vernähen.

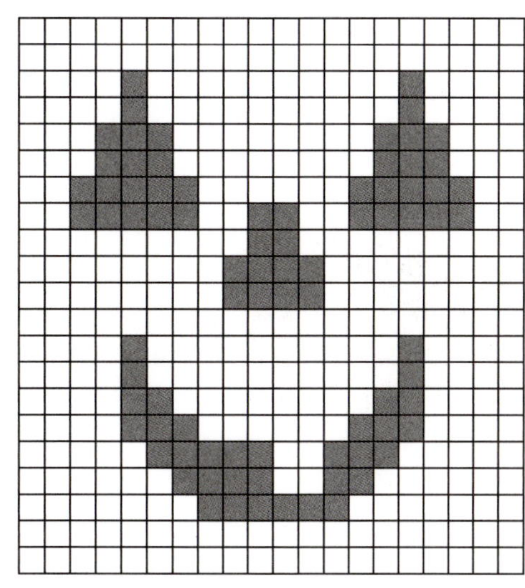

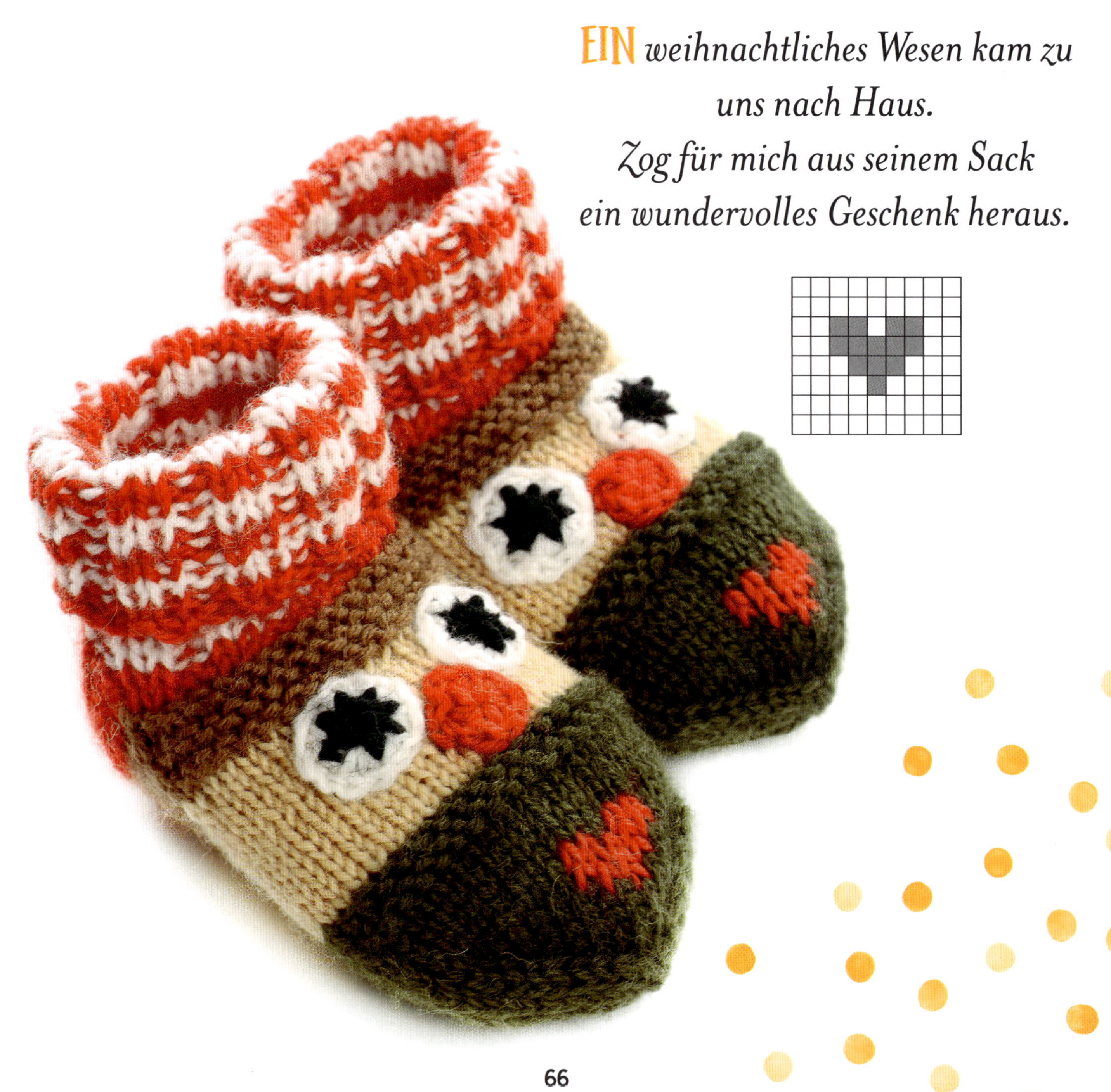

EIN *weihnachtliches Wesen kam zu*
uns nach Haus.
Zog für mich aus seinem Sack
ein wundervolles Geschenk heraus.

WICHTELSOCKEN

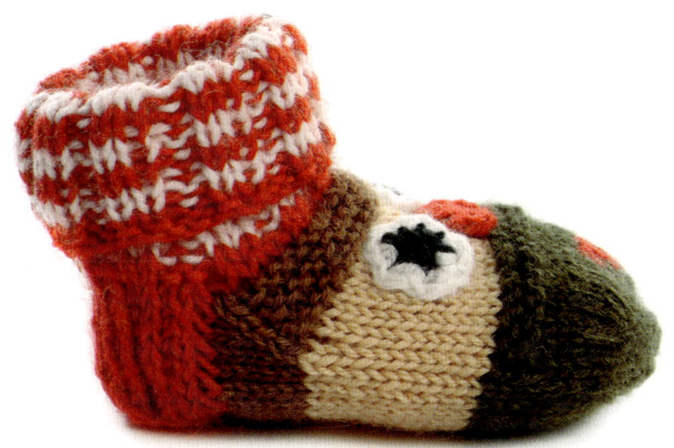

SIE BRAUCHEN

- Nadelspiel Nr. 3, Häkelnadel Nr. 2,5 und Nähnadel
- Novita Nalle in Weiß, Schwarz und Rot, Superwash-Garn in Braun, Novita Ipana in Beige, Novita Nordic Wool in Dunkelgrün

SO GEHT'S

Mehrfarbige Socken mit gestreiftem Schaft: 40 M in Rot anschlagen und auf 4 Nd des Nadelspiels gleichmäßig verteilen. Zur Runde schließen. Jeweils 2 Rd (= 1 Streifen) im Rippenmuster (2 M re, 2 M li) abwechselnd in Rot und in Weiß stricken, bis insgesamt 13 Streifen gestrickt sind.

Eine (verstärkte) Ferse in Rot arbeiten, die Fersenmaschen für das Käppchen in drei Teile aufteilen (6-8-6).

Die Abnahmen für den Zwickel arbeiten und den Fußteil wie folgt stricken: In Braun mit der 2. und 3. Nd auf der Sockenoberseite 6 Rd kraus re (1 Rd re, 1 Rd li), mit der 1. und 4. Nd auf der Sockenunterseite glatt re stricken. Auf der Sockenoberseite sind 3 Krausrippen zu sehen. 15 Rd glatt re in Beige. In Dunkelgrün mit der 2. und 3. Nd auf der Sockenoberseite 4 Rd kraus re (1 Rd re, 1 Rd li), mit der 1. und 4. Nd auf der Sockenunterseite glatt re stricken. Auf der Sockenoberseite sind 2 Krausrippen zu sehen. In Dunkelgrün noch 6 Rd glatt re stricken bzw. bis der Fußteil inkl. Ferse 11 cm lang ist.

Die Abnahmen an der Spitze als Bandabnahmen ohne Zwischenrunden arbeiten. Die Länge von der Ferse bis zur Spitze beträgt 13 cm. Alle Fadenenden vernähen. Die 2. Socke genauso stricken.

AUGEN

8 fM in Schwarz in einen Fadenring häkeln. Zu Weiß wechseln und in der nächsten Rd 2 fM in jede fM häkeln = 16 fM. Die Rd mit einer Km schließen. Ein langes Fadenende zum Annähen der Augen hängen lassen. Die Fadenenden abschneiden und vernähen. Insgesamt 4 Augen häkeln.

NASE

14 hStb in Rot in einen Fadenring häkeln. Die Rd mit einer Km schließen. Ein langes Fadenende zum Annähen der Nase hängen lassen. Das andere Fadenende abschneiden und vernähen. Insgesamt 2 Nasen häkeln.

FERTIGSTELLUNG

Die Nase mit dem langen Fadenende mittig auf dem Gesicht an die obere Kante der dunkelgrünen Krausrippen rundum fest annähen. Die Augen zu beiden Seiten der Nase mit dem langen Fadenende rundum fest annähen. Ein kleines Herz nach dem Zählmuster im Maschenstich in Rot aufsticken.

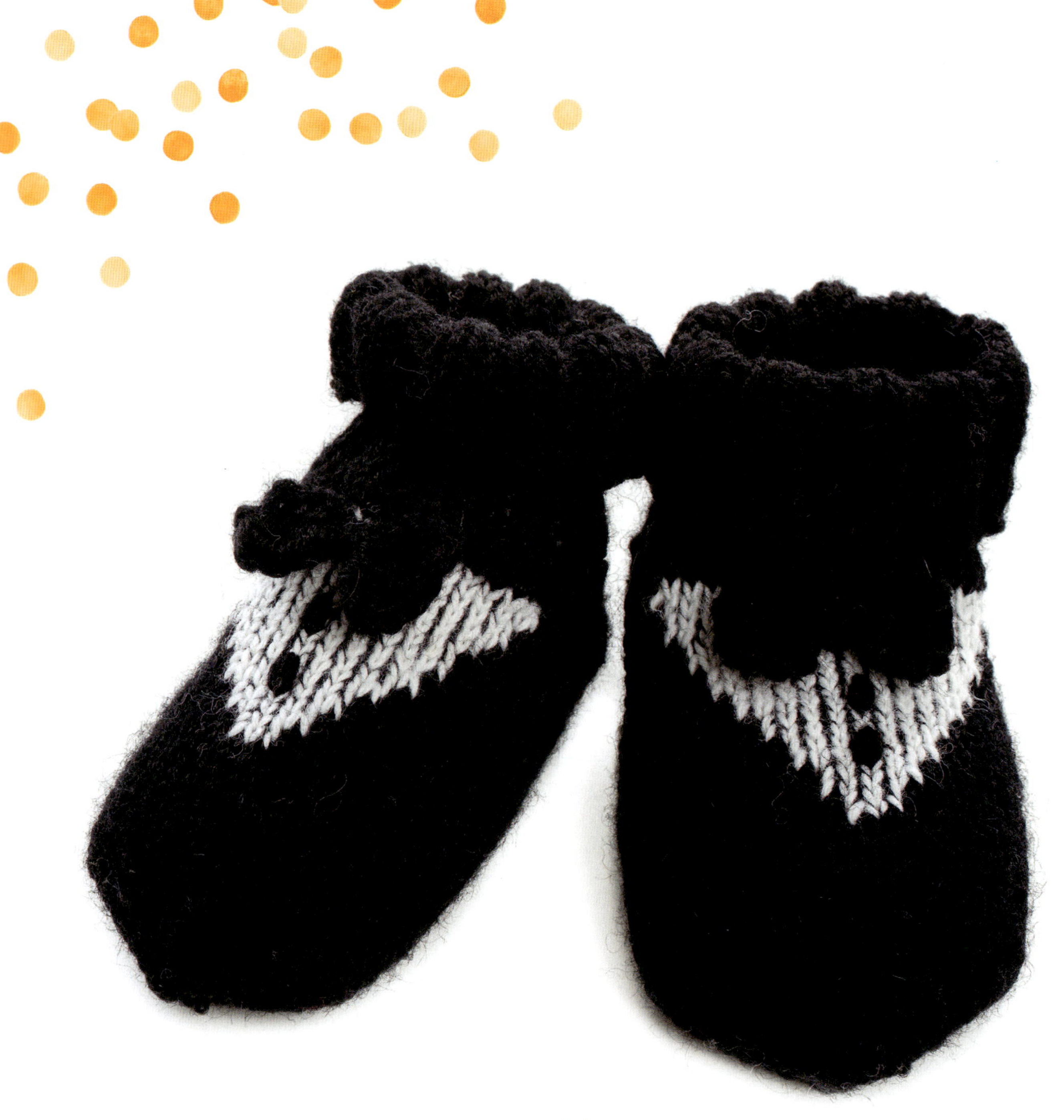

SMOKINGSOCKEN

HURRA, *es ist so weit,*
die neuen Socken werden
eingeweiht!
Sie sind besonders festlich –
und auch die Fliege, einfach köstlich.

SIE BRAUCHEN

- Nadelspiel Nr. 3 und Nähnadel
- Novita Nalle in Schwarz und Weiß

SO GEHT'S

Schwarze Socken: 40 M anschlagen und auf 4 Nd des Nadelspiels verteilen. Zur Runde schließen. 26 Rd (8 cm) im Rippenmuster (2 M re, 2 M li) stricken.

Eine (verstärkte) Ferse arbeiten, die Fersenmaschen für das Käppchen in drei Teile aufteilen (6-8-6).

Die Abnahmen für den Zwickel arbeiten und 28 Rd glatt re stricken bzw. bis der Fußteil inkl. Ferse 11 cm lang ist.

Die Abnahmen an der Spitze als Bandabnahmen ohne Zwischenrunden arbeiten. Die Länge von der Ferse bis zur Spitze beträgt 13 cm. Alle Fadenenden vernähen. Die 2. Socke genauso stricken.

SMOKINGHEMD

Ein Dreieck in Weiß laut Zählmuster im Maschenstich auf die Sockenoberseite sticken, dabei unter dem Rippenmuster mit der geraden Kante beginnen, zur Spitze hin auslaufend.

FLIEGE

6 M in Schwarz anschlagen und 16 R kraus re stricken. Abketten. Ein langes Fadenende zum Annähen der Fliege hängen lassen. Insgesamt 2 Fliegen stricken.

FERTIGSTELLUNG

Die Fliege in der Mitte falten und mit dem langen Fadenende an der oberen Kante des weißen Smokinghemdes fest annähen. Im Margeritenstich 2 kleine Knöpfe in Schwarz untereinander unter der Fliege auf das Smokinghemd sticken. Alle Fadenenden vernähen.

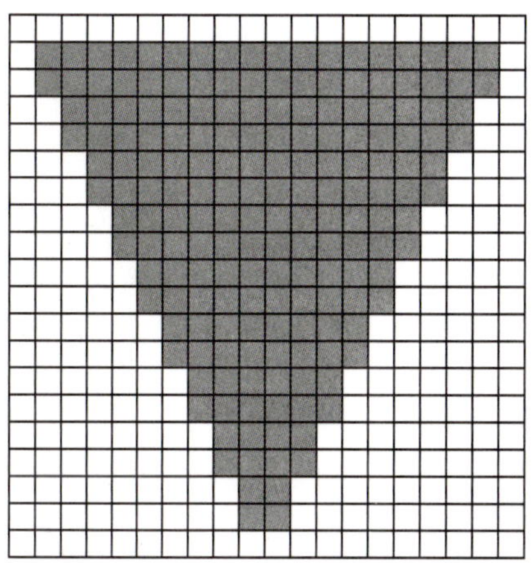

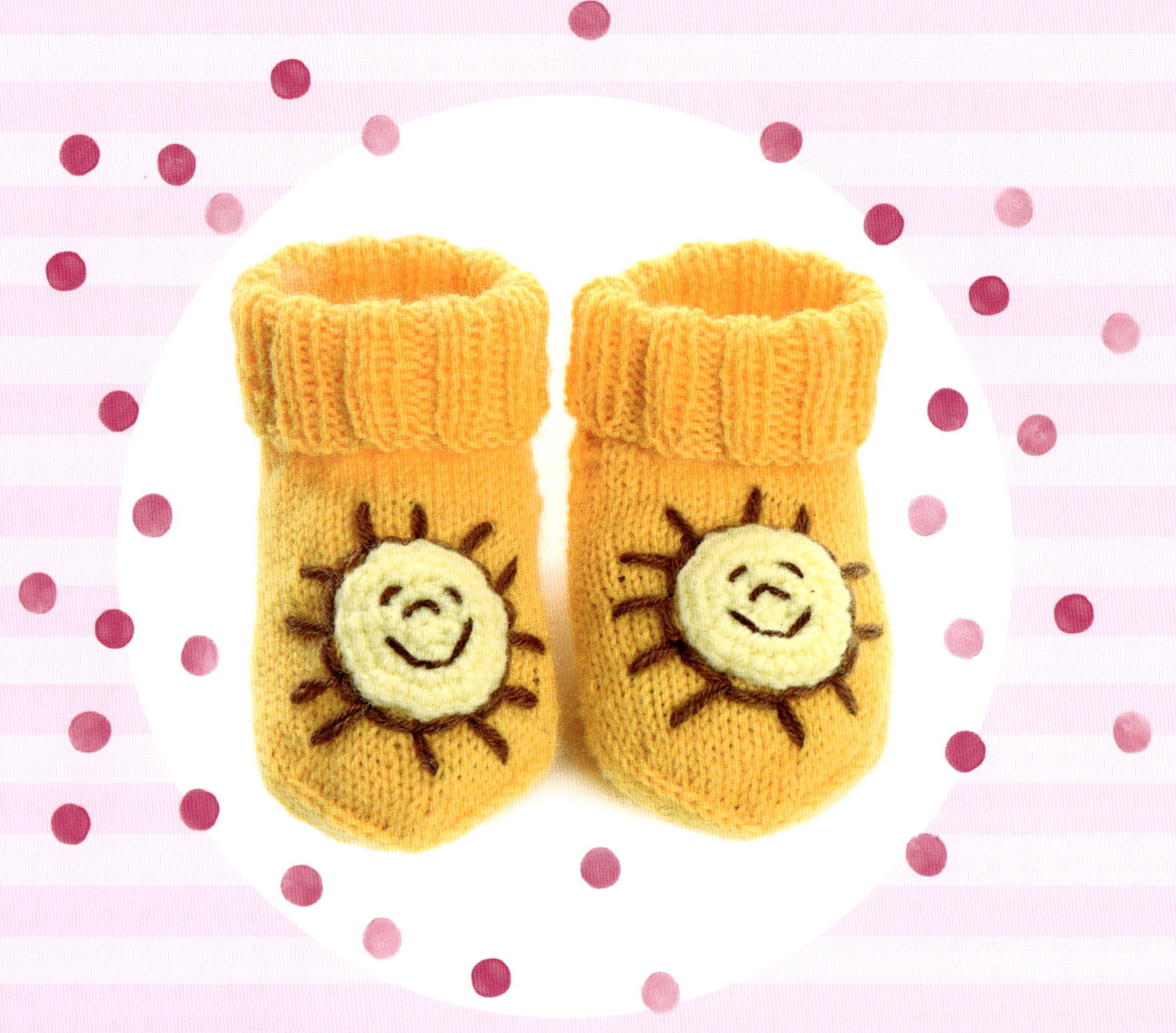

Ein zweites Kindlein ist nun da,
ein süßes Mädchen ist's, hurra!

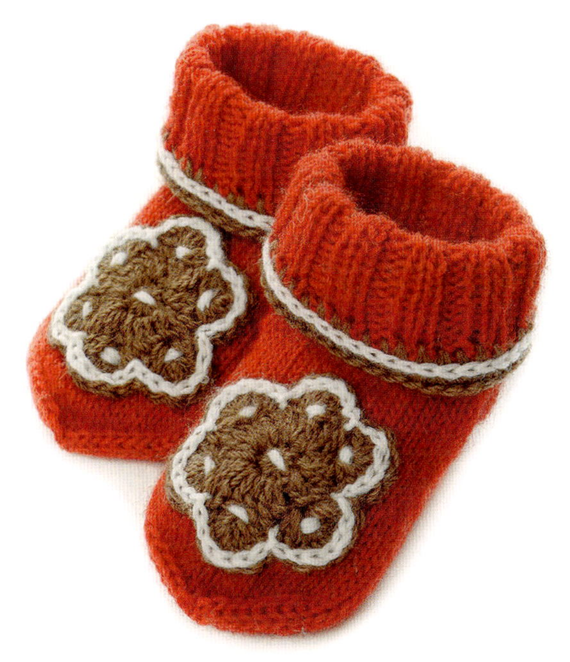

Rosensocken
Sonnensocken
Sonnenblumensocken
Lebkuchensocken

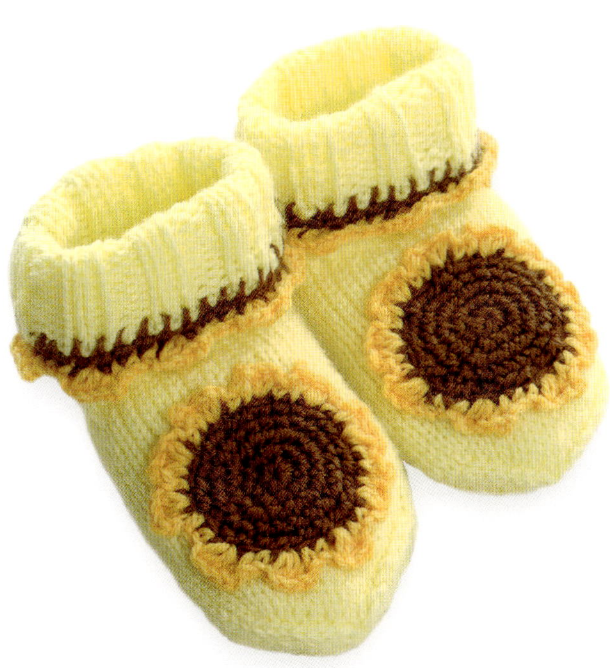

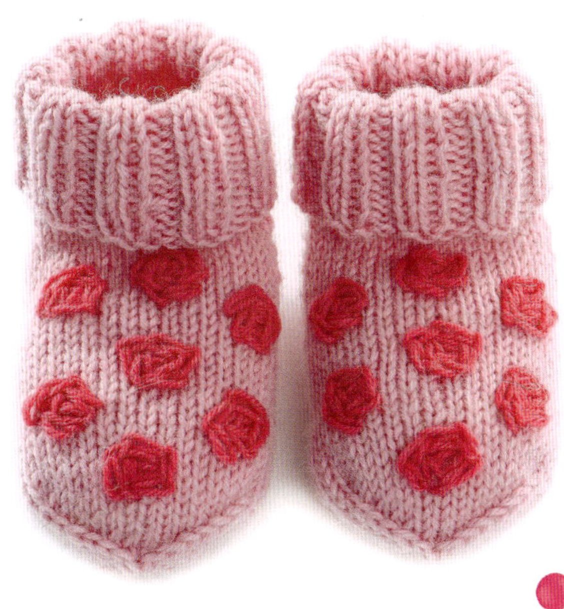

Rosensocken

Sieh nur die kleine Socke an,
sie soll erinnern dich daran,
wo du auch immer bist,
ich hab dich lieb, vergiss das nicht.

SIE BRAUCHEN

- Nadelspiel Nr. 3,5 und Nähnadel
- Novita 7 Veljestä in Rosa und Novita Nalle in Pink

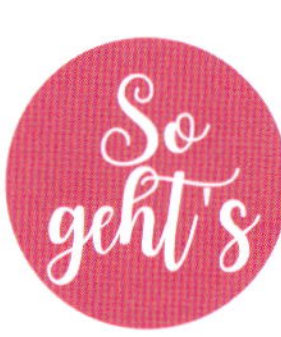

Socken in Rosa aus Novita 7 Veljestä (Lauflänge 100 m/50 g; Sie können auch ein dünneres Superwash-Garn mit einer Lauflänge von ca. 130 m/50 g verwenden und nach der Grundanleitung stricken):

36 M anschlagen und auf 4 Nd des Nadelspiels gleichmäßig verteilen (= 9 M pro Nd). Zur Runde schließen. 24 Rd (8 cm) im Rippenmuster (2 M re, 2 M li) stricken.

Eine (verstärkte) Ferse über 18 M arbeiten, die Fersenmaschen für das Käppchen in drei Teile aufteilen (6-6-6).

Die Abnahmen für den Zwickel arbeiten und 24 Rd glatt re stricken bzw. bis der Fußteil inkl. Ferse 11 cm lang ist.

Die Abnahmen an der Spitze als Bandabnahmen ohne Zwischenrunden arbeiten. Die Länge von der Ferse bis zur Spitze beträgt 13 cm. Alle Fadenenden vernähen. Die 2. Socke genauso stricken.

ROSEN

Im Kettenstich 7 kleine Rosen in Pink auf die Socken sticken, dabei zunächst jeweils in der Mitte 3 Kettenstiche im Dreieck aufsticken. Dann spiralförmig weitere Kettenstiche um das Dreieck herum sticken, bis die Rose einen Durchmesser von ca. 1,5 cm hat. Zuerst die mittlere Rose, danach jeweils 3 Rosen ober- und unterhalb davon, wobei die beiden seitlichen Rosen zuletzt gestickt werden. Den Faden auf der Innenseite der Socke von Rose zu Rose mitlaufen lassen, damit keine unnötigen Fadenenden entstehen. Den Faden nicht zu fest anziehen, damit die Stiche beim Tragen und Waschen der Socken elastisch bleiben. Alle Fadenenden vernähen.

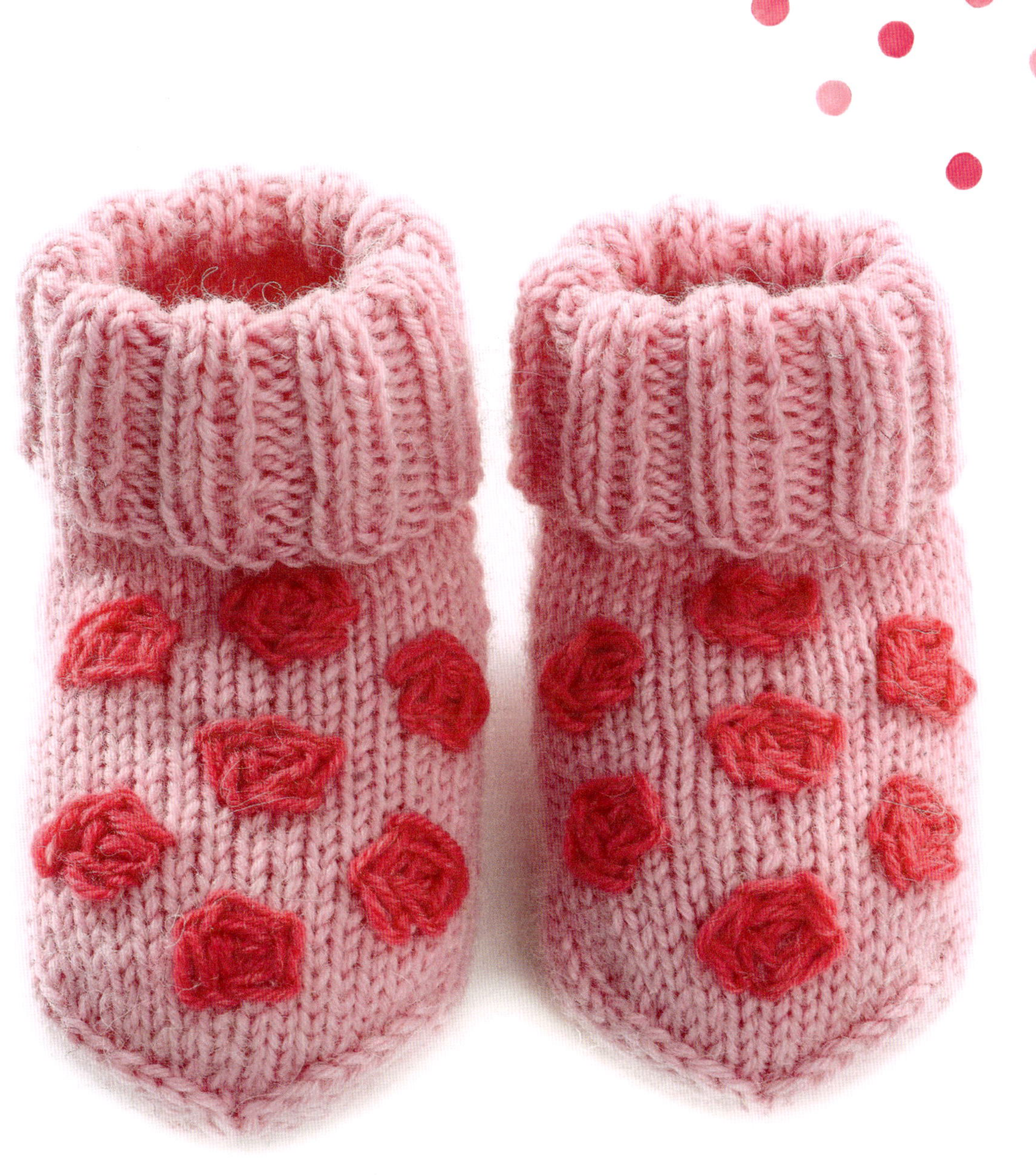

Sonnensocken

SIE BRAUCHEN

- Nadelspiel Nr. 3, Häkelnadel Nr. 2,5 und Nähnadel
- Novita Nalle in Sonnengelb, Superwash-Garn in Braun und Zitronengelb

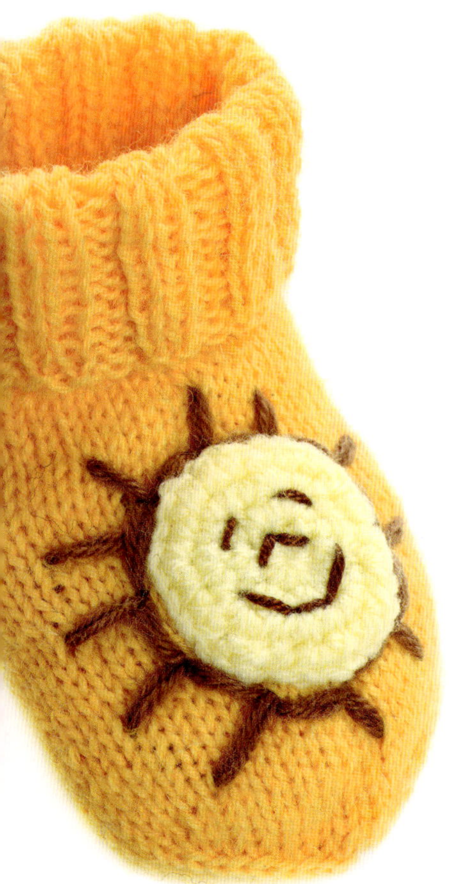

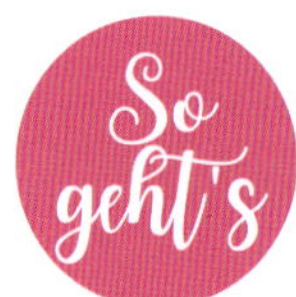

Socken in Sonnengelb: 40 M anschlagen und auf 4 Nd des Nadelspiels gleichmäßig verteilen. Zur Runde schließen. 26 Rd (8 cm) im Rippenmuster (2 M re, 2 M li) stricken.
Eine (verstärkte) Ferse arbeiten, die Fersenmaschen für das Käppchen in drei Teile aufteilen (6-8-6).

Die Abnahmen für den Zwickel arbeiten und 28 Rd glatt re stricken bzw. bis der Fußteil inkl. Ferse 11 cm lang ist.

Die Abnahmen an der Spitze als Bandabnahmen ohne Zwischenrunden arbeiten. Die Länge von der Ferse bis zur Spitze beträgt 13 cm. Alle Fadenenden vernähen. Die 2. Socke genauso stricken.

SONNE

Kreis in Zitronengelb: 8 fM in einen Fadenring häkeln. In der nächsten Rd 2 fM in jede fM = 16 fM. In der 3. Rd 2 fM in jede 2. fM = 24 fM. Letzte Rd: ohne Zunahmen. Jede Rd mit einer Km schließen. Ein langes Fadenende zum Annähen der Sonne hängen lassen. Insgesamt 2 Kreise häkeln.

FERTIGSTELLUNG

Ein fröhliches Gesicht in Braun auf die Sonne sticken. Die Fäden abschneiden und vernähen. Die Sonne mit dem langen Fadenende rundherum fest annähen. Die Sonne im Steppstich in Braun umsticken und rundherum Sonnenstrahlen aufsticken, dabei jeden Stich doppelt arbeiten. Den Faden nicht zu fest anziehen, damit die Stiche beim Tragen und Waschen der Socken elastisch bleiben. Alle Fadenenden vernähen.

Du bist unser Sonnenschein,
das halten wir gar nicht geheim.
Unser höchstes Glück auf Erden ist's,
von dir umarmt zu werden.

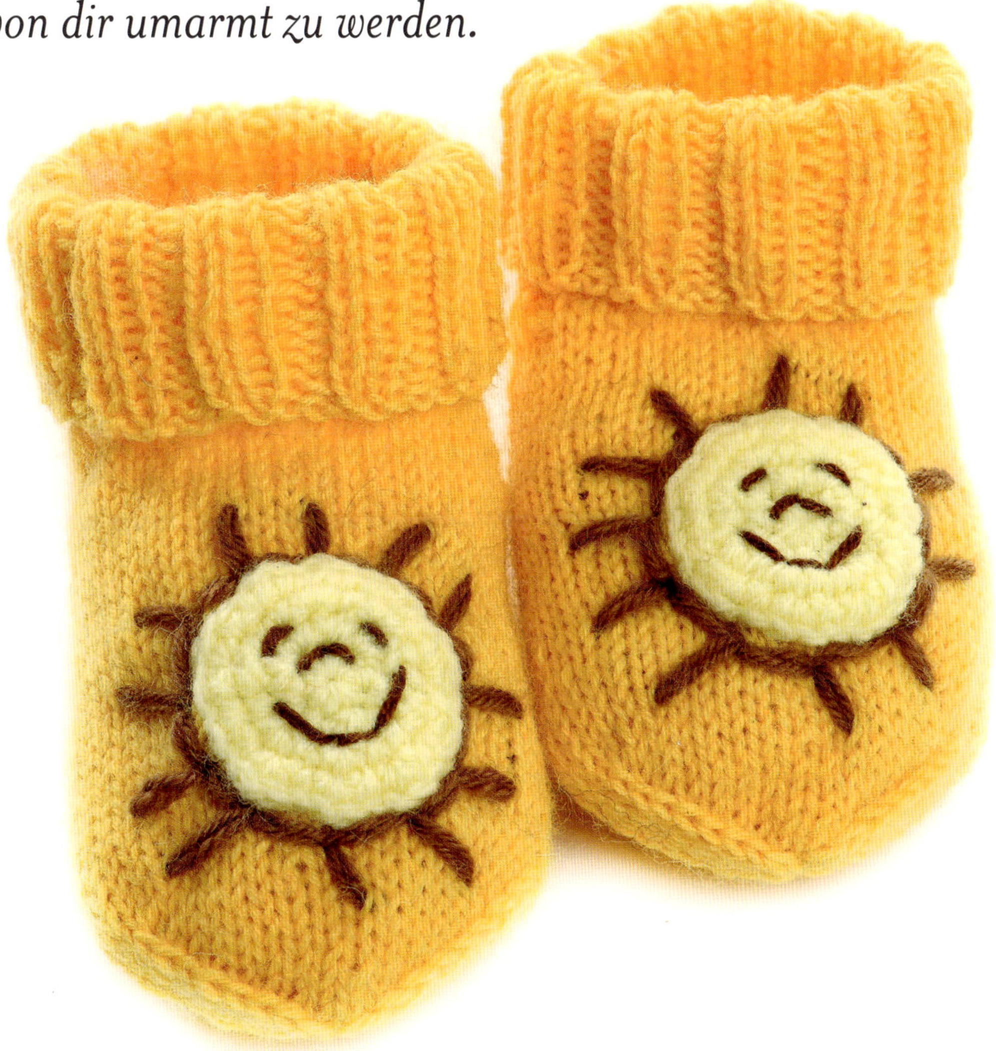

Sonnenblumensocken

SIE BRAUCHEN

- Nadelspiel Nr. 3, Häkelnadel Nr. 2,5 und Nähnadel
- Novita Nalle in Sonnengelb, Superwash-Garn in Braun und Zitronengelb

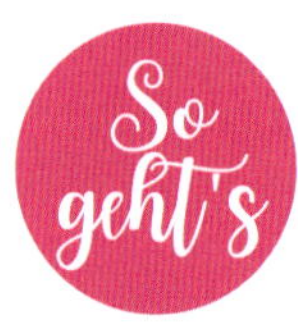

Socken in Zitronengelb: 40 M anschlagen und auf 4 Nd des Nadelspiels gleichmäßig verteilen. Zur Runde schließen. 26 Rd (8 cm) im Rippenmuster (2 M re, 2 M li) stricken.

Eine (verstärkte) Ferse arbeiten, die Fersenmaschen für das Käppchen in drei Teile aufteilen (6-8-6).

Die Abnahmen für den Zwickel arbeiten und 28 Rd glatt re stricken bzw. bis der Fußteil inkl. Ferse 11 cm lang ist.

Die Abnahmen an der Spitze als Bandabnahmen ohne Zwischenrunden arbeiten. Die Länge von der Ferse bis zur Spitze beträgt 13 cm. Alle Fadenenden vernähen. Die 2. Socke genauso stricken.

SONNENBLUME

Kreis in Braun: 8 fM in einen Fadenring häkeln. Nächste Rd: 2 fM in jede fM = 16 fM.

3. Rd: 2 fM in jede 2. fM = 24 fM. 4. Rd: keine Zunahmen. Letzte Rd: 2 fM in jede 3. fM plus 1 fM am Rd-Ende = 33 fM. Jede Rd mit einer Km schließen. Ein langes Fadenende zum Annähen der Sonnenblume hängen lassen.

Die Blütenblätter in Sonnengelb um die Kante herum häkeln: *3 hStb in eine fM, 2 fM, 2 fM in die 2 nächsten fM, 2 fM*. Von * bis * bis Rd-Ende wdh. Ein langes Fadenende zum Annähen der Blütenblätter hängen lassen. Das andere Fadenende abschneiden und vernähen. Insgesamt 2 Kreise in Sonnengelb häkeln.

SPITZENBORTE

Die obere Kante des Schafts mit 40 fM in Braun umhäkeln (2 Rd). Die Rd jeweils mit einer Km schließen. Zu Sonnengelb wechseln. *3 Stb in 1 fM, 2 Lm, 3 fM in die 3 nächsten fM, 2 Lm.* Von * bis * bis Rd-Ende wdh. Die Rd mit einer Km schließen. Alle Fadenenden vernähen.

FERTIGSTELLUNG

Die Sonnenblume in Braun rundherum fest annähen. Die Blütenblätter mit dem langen Fadenende in Sonnengelb mit kleinen Stichen an der Socke annähen. Alle Fadenenden vernähen.

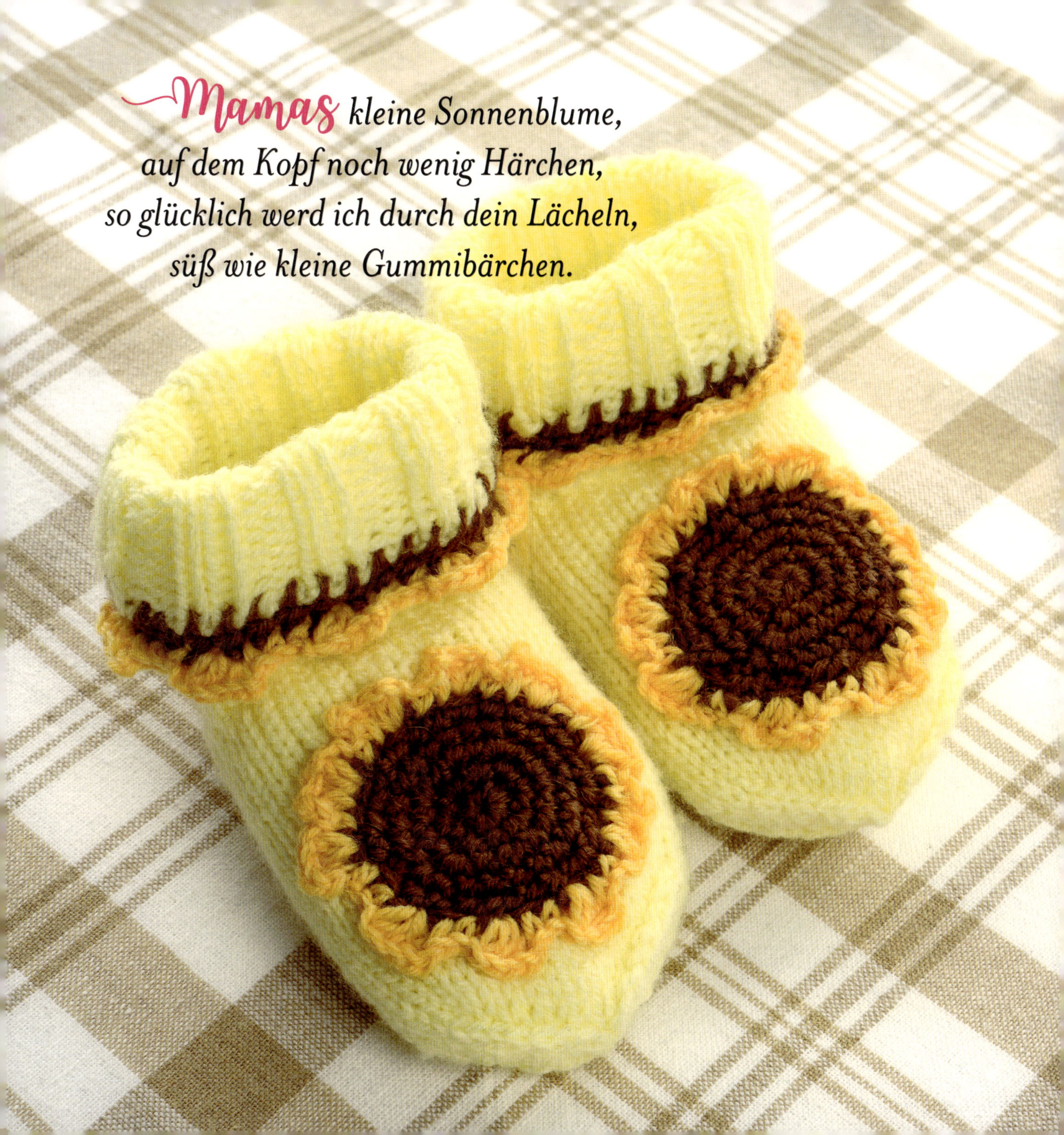

Mamas kleine Sonnenblume,
auf dem Kopf noch wenig Härchen,
so glücklich werd ich durch dein Lächeln,
süß wie kleine Gummibärchen.

Lebkuchensocken

SIE BRAUCHEN

- Nadelspiel Nr. 3, Häkelnadel Nr. 2,5 und Nähnadel
- Novita Nalle in Rot und Weiß, Superwash-Garn in Braun

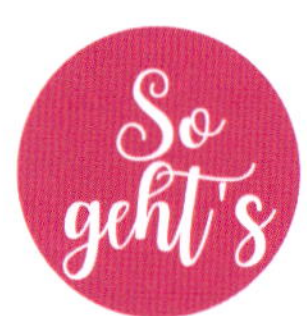

Socken in Rot: 40 M anschlagen und auf 4 Nd des Nadelspiels gleichmäßig verteilen. Zur Runde schließen. 26 Rd (8 cm) im Rippenmuster (2 M re, 2 M li) stricken.

Eine (verstärkte) Ferse arbeiten, die Fersenmaschen für das Käppchen in drei Teile aufteilen (6-8-6).

Die Abnahmen für den Zwickel arbeiten und 28 Rd glatt re stricken bzw. bis der Fußteil inkl. Ferse 11 cm lang ist.

Die Abnahmen an der Spitze als Bandabnahmen ohne Zwischenrunden arbeiten. Die Länge von der Ferse bis zur Spitze beträgt 13 cm. Alle Fadenenden vernähen. Die 2. Socke genauso stricken.

LEBKUCHEN

Kreis in Braun: 8 fM in einen Fadenring häkeln. 2. Rd: 3 Stb in jede fM = 24 Stb. Die Rd mit einer Km schließen. In der 3. Rd die Rundungen häkeln: 1 fM, 1 M überspringen. *6 Stb in 1 Stb häkeln, 1 Stb überspringen, 1 fM in das nächste Stb, 1 Stb überspringen.* Von * bis * 6x wdh (= 6 Rundungen). Die Rd mit einer Km schließen. Ein langes Fadenende zum Annähen des Lebkuchens hängen lassen. 2 Lebkuchen häkeln.

Verzierung: Km in Weiß (die Nadel durch den Lebkuchen stechen) am äußeren Rand des Lebkuchens entlang häkeln (Oberflächenhäkelei). Die Km nicht zu fest häkeln. Der Faden liegt hinter der Arbeit. Eine Anfangsschlinge knüpfen. An der Stelle durchstechen, wo die Oberflächenhäkelei beginnen soll. Die Schlinge durchholen, dabei den Anfangsknoten auf der linken Seite der Arbeit lassen (= 1. Km). *An der nächsten Stelle einstechen. Den Faden durchholen und durch die M auf der Nd ziehen.* (= 2. Km). Von * bis * wdh, bis die Verzierung am äußeren Rand des Lebkuchens entlang aufgehäkelt ist. Den Faden abschneiden und durch die letzte M auf der Nd ziehen. Das Fadenende mit der Häkelnadel zurück auf die linke Seite der Arbeit ziehen und vernähen. Den Lebkuchen mit Stichen in Weiß verzieren. Alle Fadenenden vernähen. Den Lebkuchen mit dem langen Fadenende rundum fest annähen. Den 2. Lebkuchen genauso verzieren und annähen.

ZIERBORTE

Die obere Kante des Schafts mit 40 fM in Braun umhäkeln (2 Rd). Die Rd jeweils mit einer Km schließen. Den Faden abschneiden, zu Weiß wechseln und 1 Rd Km durch die fM häkeln (Oberflächenhäkelei). Den Faden nicht zu fest anziehen, damit die Stiche beim Tragen und Waschen der Socken elastisch bleiben. Alle Fadenenden vernähen.

Es ist Lebkuchenzeit!
Wir haben schon gebacken.
Der Bruder macht ein
Lebkuchenhaus –
etwas schief,
doch das macht nichts aus.

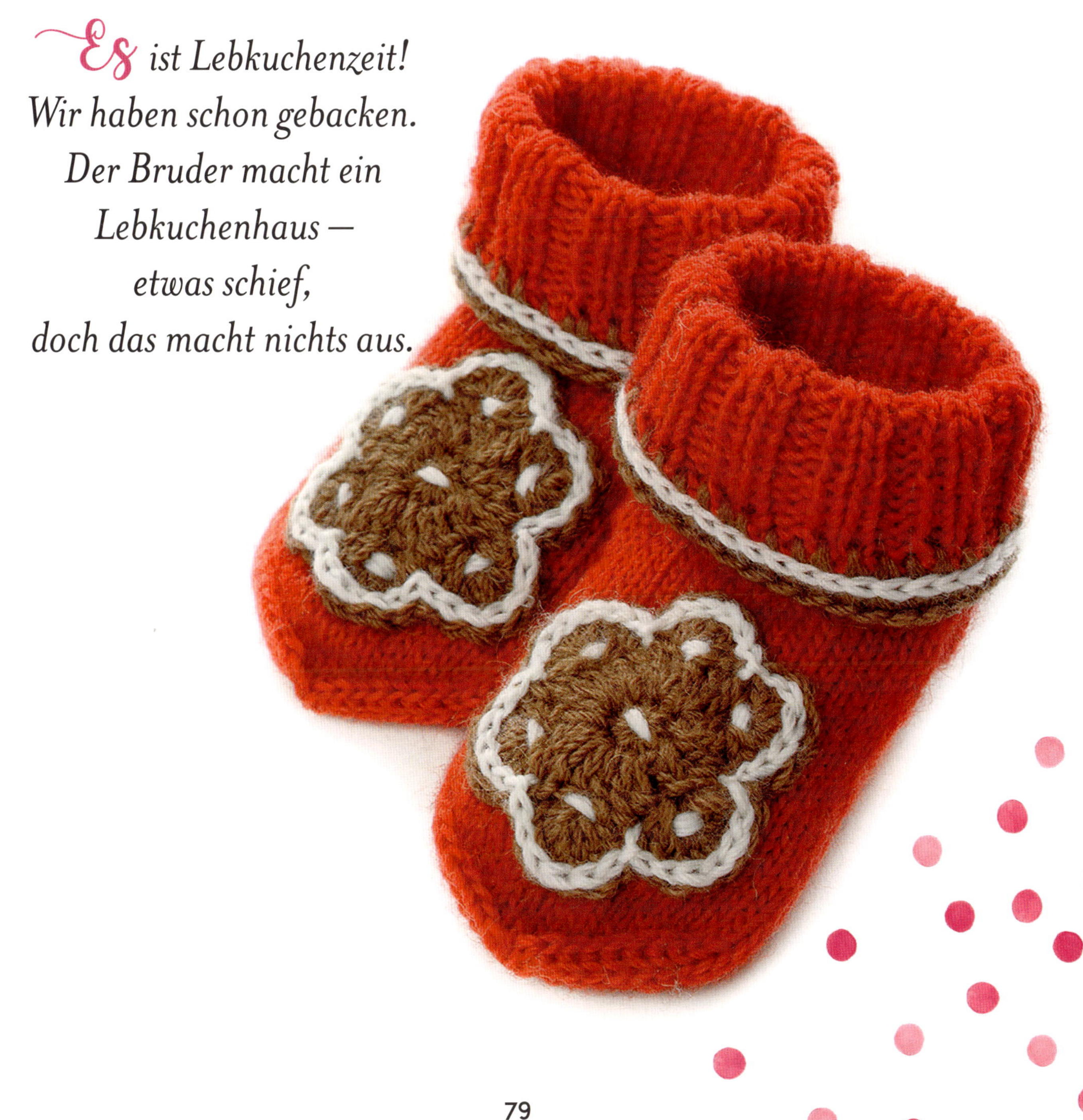

Käfersocken
Bonbonsocken
Lapplandsocken
Erste-Hilfe-Socken

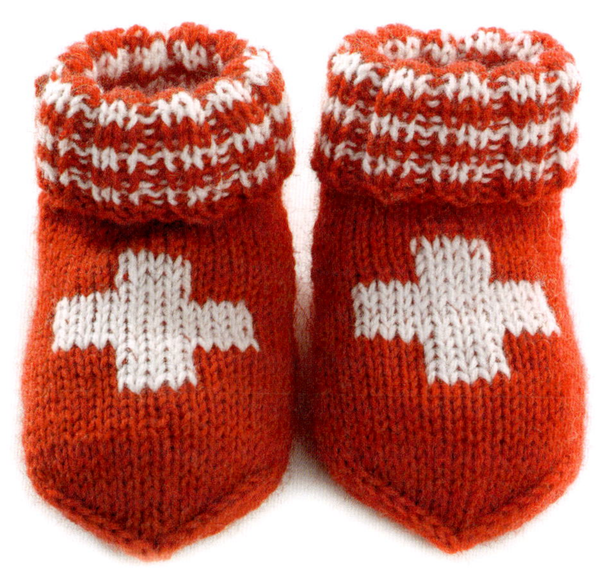

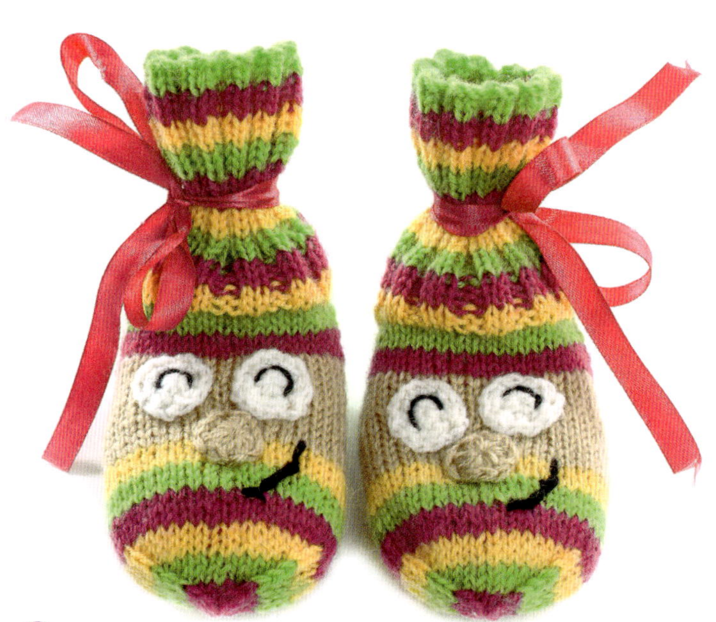

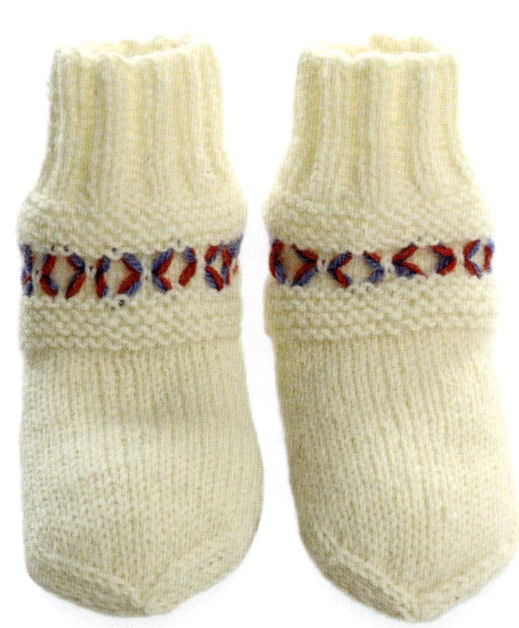

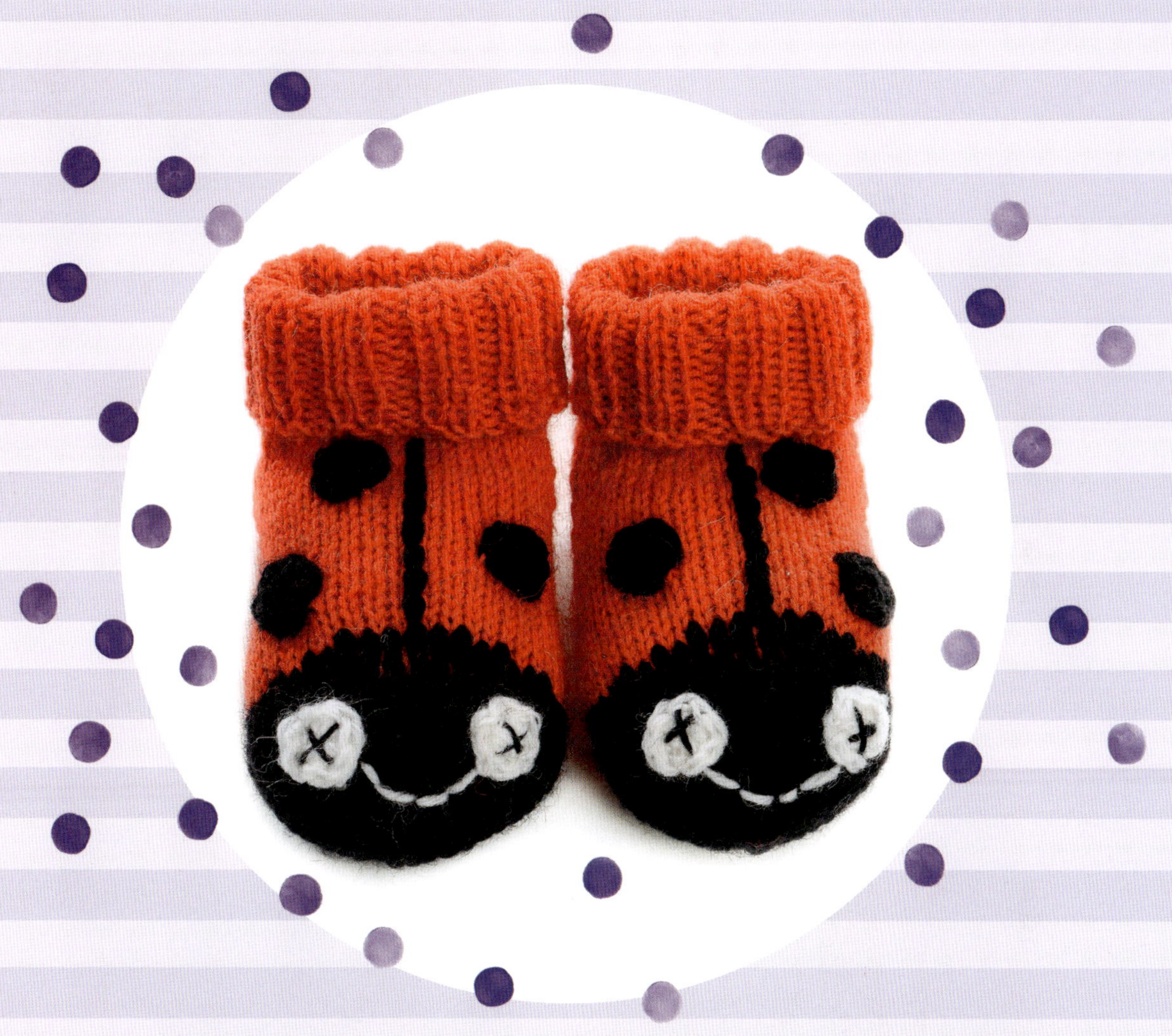

JETZT *bist du schon geworden groß,*
wohin ist die Zeit verschwunden bloß?

WIE *viele Punkte hat*
das Marienkäferchen?
Drei, sagst du, und es ist klar,
dass das heißt, es ist drei Jahr.

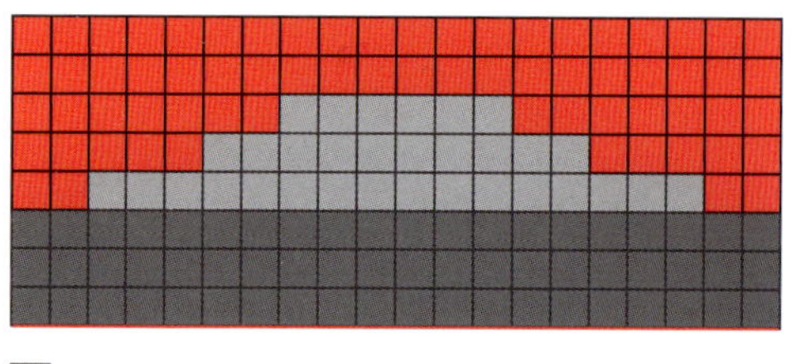

Maschenstich in Schwarz

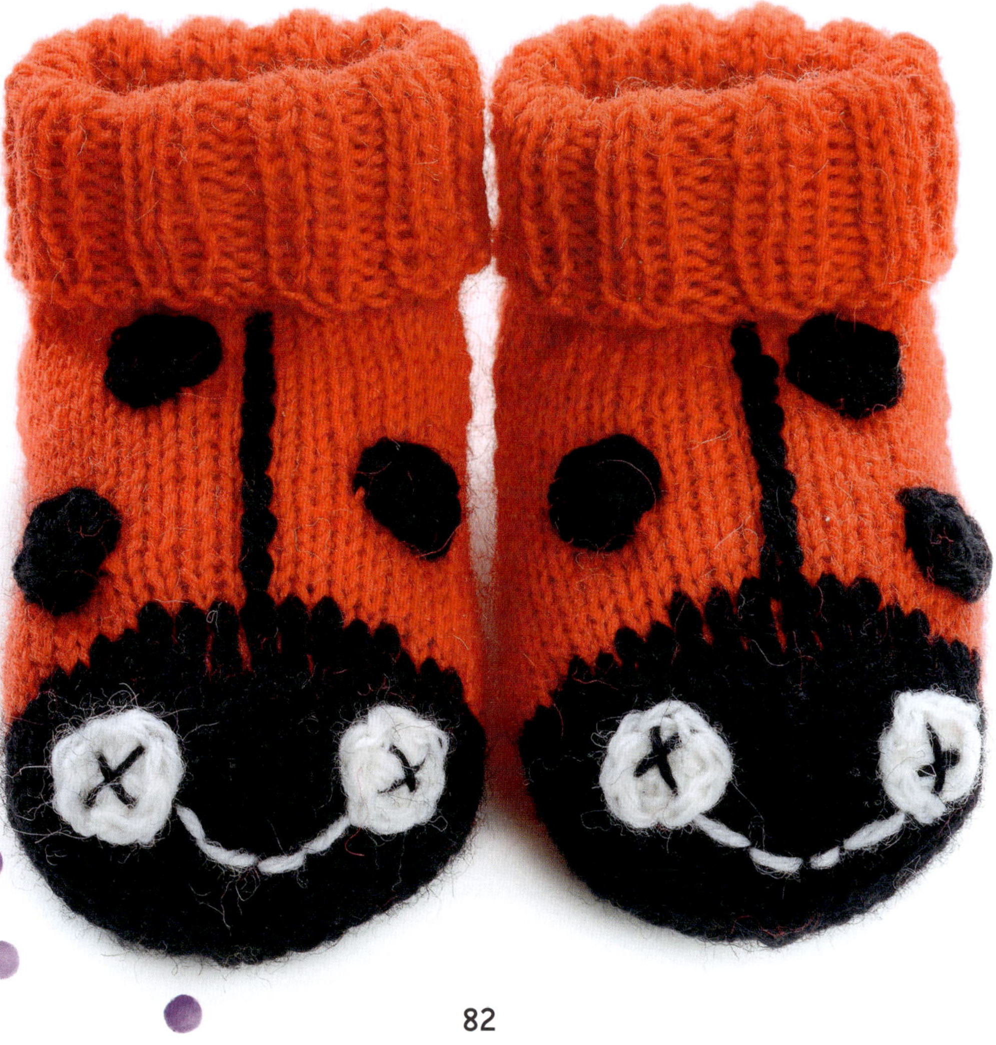

KÄFERSOCKEN

SIE BRAUCHEN

- Nadelspiel Nr. 3, Häkelnadel Nr. 2,5 und Nähnadel
- Novita Nalle in Rot, Schwarz und Weiß

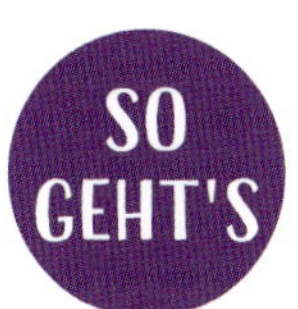

Zweifarbige Socken: 40 M in Rot anschlagen und auf 4 Nd des Nadelspiels gleichmäßig verteilen. Zur Runde schließen. 26 Rd (8 cm) im Rippenmuster (2 M re, 2 M li) stricken.

Eine (verstärkte) Ferse arbeiten, die Fersenmaschen für das Käppchen in drei Teile aufteilen (6-8-6).

Die Abnahmen für den Zwickel arbeiten und 22 Rd glatt re stricken. Zu Schwarz wechseln und 6 Rd glatt re stricken bzw. bis der Fußteil inkl. Ferse 11 cm lang ist.

Die Abnahmen an der Spitze als Bandabnahmen ohne Zwischenrunden arbeiten. Die Länge von der Ferse bis zur Spitze beträgt 13 cm. Alle Fadenenden vernähen. Die 2. Socke genauso stricken.

KOPFRUNDUNG

In Verlängerung der schwarz gestrickten Fläche mit schwarzem Faden 3 R im Maschenstich auf die rote Fläche in der Sockenmitte für die Kopfrundung aufsticken. Diese M sind im Zählmuster als hellgraue Karos markiert.

FLÜGEL

Für die Flügel 1 R in Schwarz im Kettenstich aufsticken. Mittig an der oberen Kante der Kopfrundung beginnen und nach oben bis zur unteren Rippenkante arbeiten. Den Faden nicht zu fest anziehen, damit die Stiche beim Tragen und Waschen der Socken elastisch bleiben. Alle Fadenenden vernähen.

AUGEN

14 hStb in Weiß in einen Fadenring häkeln. Die Rd mit einer Km schließen. Ein langes Fadenende zum Annähen des Auges hängen lassen. Ein schwarzes Kreuz auf das Auge sticken. Die Fadenenden abschneiden und vernähen. Insgesamt 4 Augen häkeln.

PUNKTE

14 hStb in Schwarz in einen Fadenring häkeln. Die Rd mit einer Km schließen. Ein langes Fadenende zum Annähen des Punktes hängen lassen. Das andere Fadenende abschneiden und vernähen. Insgesamt 6 Punkte häkeln.

FERTIGSTELLUNG

Die Augen mit dem langen Fadenende rundum fest auf der Sockenspitze annähen. 3 Punkte mit dem langen Fadenende rundum fest auf einer Socke annähen. Die anderen 3 Punkte auf die andere Socke nähen. Im Steppstich einen lächelnden Mund in Weiß von einem Auge zum anderen aufsticken. Den Faden nicht zu fest anziehen, damit die Stiche beim Tragen und Waschen der Socken elastisch bleiben. Alle Fadenenden vernähen.

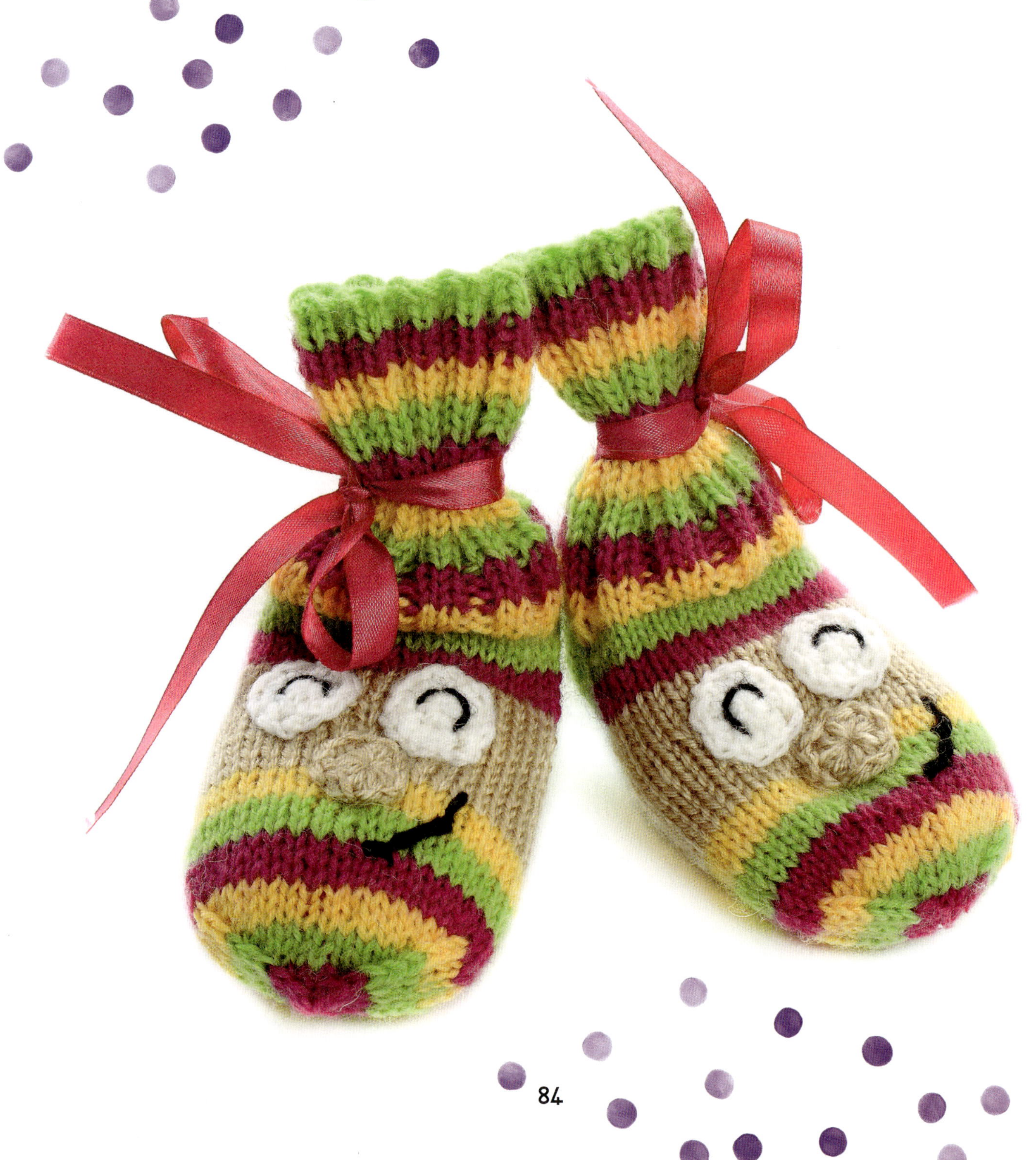

BONBONSOCKEN

HEUTE *gibt's Süßigkeiten,*
sage ich zu meinem Kind.
Ja, weiß ich, stimmt genau,
antwortet es geschwind.

SIE BRAUCHEN

- Nadelspiel Nr. 3, Häkelnadel Nr. 2,5 und Nähnadel
- Novita Nalle in Gelb, Schwarz und Weiß, Novita Nordic Wool oder ein ähnliches Garn in Pink, Novita Ipana in Beige und Superwash-Garn in Limette

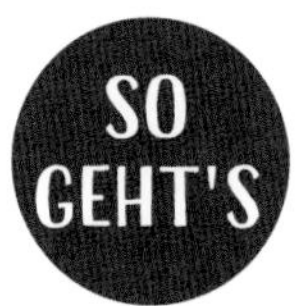

Mehrfarbige Socken: 1 Streifen = 3 Rd, in folgender Reihenfolge: Limette, Pink, Gelb. 40 Min Limette anschlagen und auf 4 Nd des Nadelpiels gleichmäßig verteilen. Zur Runde schließen.27 Rd (9 Streifen) im Rippenmuster(2 M re, 2 M li) stricken.

Eine (verstärkte) Ferse in Limette arbeiten, die Fersenmaschen für das Käppchen in drei Teile aufteilen (6-8-6).

Die Abnahmen für den Zwickel arbeiten und den Fußteil glatt re stricken: Je 1 Streifen in Limette und in Pink (6 Rd). 12 Rd in Beige. Streifen bis zur Spitze stricken, mit Gelb beginnen. Insgesamt 28 Rd stricken bzw. bis der Fußteil inkl. Ferse 11 cm lang ist.

Die Abnahmen an der Spitze als Bandabnahmen ohne Zwischenrunden arbeiten. Die Länge von der Ferse bis zur Spitze beträgt 13 cm. Alle Fadenenden vernähen. Die 2. Socke genauso stricken

AUGEN

8 fM in Weiß in einen Fadenring häkeln. In der nächsten Rd 2 fM in jede fM häkeln = 16 fM. Die Rd mit einer Km schließen. Ein langes Fadenende zum Annähen des Auges hängen lassen. Kleine Bogen in Schwarz auf das Auge sticken. Die Fadenenden abschneiden und vernähen. Insgesamt 4 Augen häkeln.

NASE

14 hStb in Beige in einen Fadenring häkeln. Die Rd mit einer Km schließen. Ein langes Fadenende zum Annähen der Nase hängen lassen. Das andere Fadenende abschneiden und vernähen. Insgesamt 2 Nasen häkeln.

FERTIGSTELLUNG

Die Nase mit dem langen Fadenende rundum in Höhe des gelben Streifens mittig fest annähen. Die Augen zu beiden Seiten der Nase mit dem langen Fadenende rundum fest annähen. Einen lustigen Mund in Schwarz im Steppstich an einer Seite aufsticken. Die Steppstiche zweimal arbeiten, damit sie dicker werden. Den Faden nicht zu fest anziehen, damit die Stiche beim Tragen und Waschen der Socken elastisch bleiben. Alle Fadenenden vernähen.

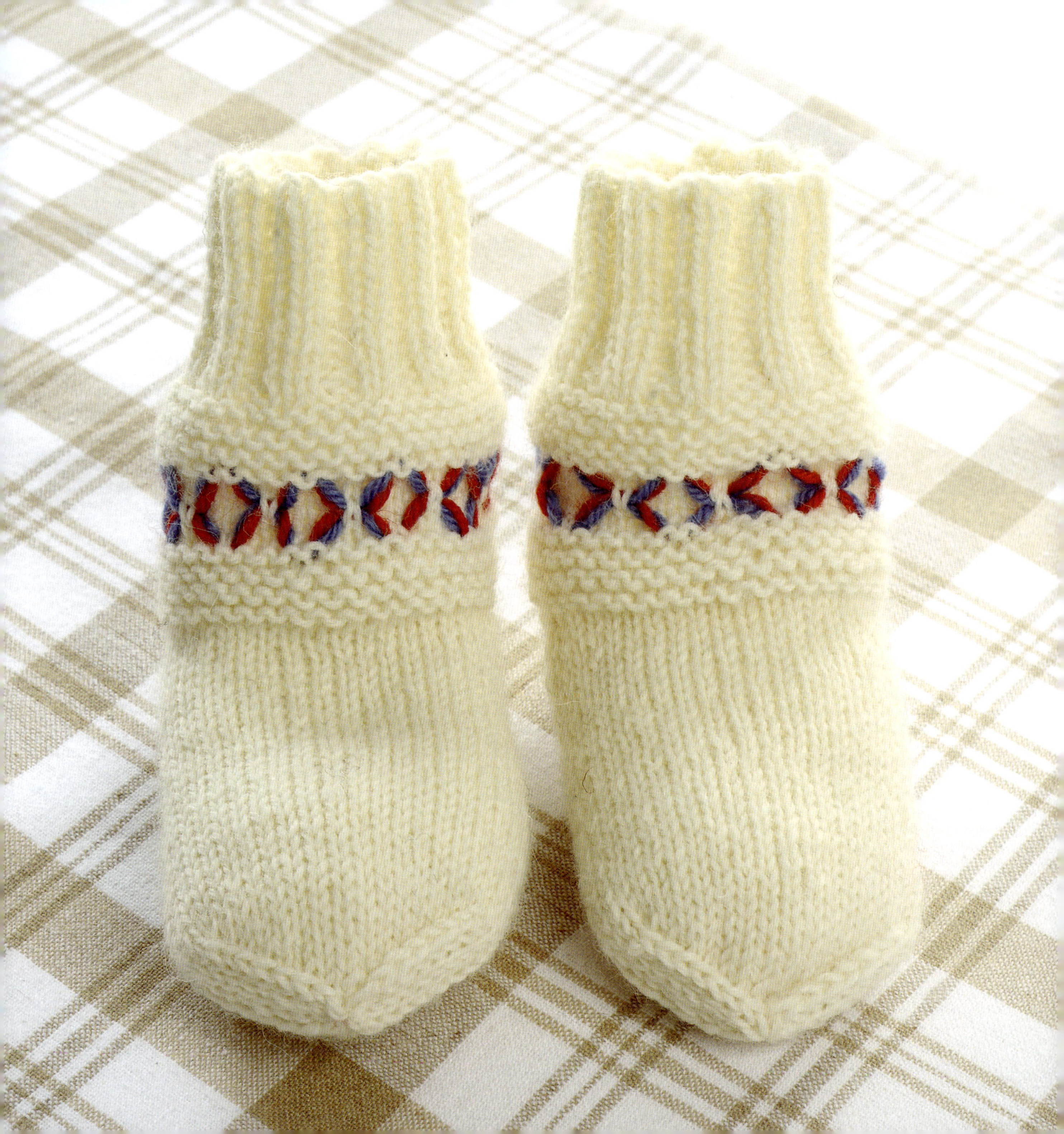

LAPPLANDSOCKEN

SIE BRAUCHEN

- Nadelspiel Nr. 3 und Nähnadel
- Novita Nalle in Naturweiß, Rot und Blau

ES WAR *im Urlaub hoch im Norden,*
das kleine Mädchen glaubt es kaum:
Schnee und Rene in den Fjorden!
Oder war das nur ein Traum?

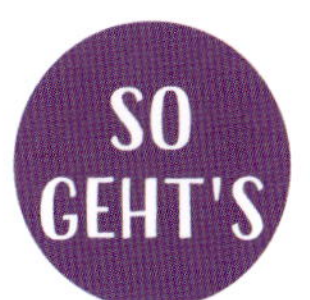

Socken in Naturweiß: 40 M anschlagen und auf 4 Nd gleichmäßig verteilen. Zur Runde schließen. 15 Rd im Rippenmuster (2 M re, 2 M li) und 8 Rd kraus re (1 Rd re, 1 Rd li) stricken = 4 Rippen. 7 Rd glatt re, 8 Rd kraus re (1 Rd re, 1 Rd li) stricken = 4 Rippen.

Eine (verstärkte) Ferse arbeiten, die Fersenmaschen für das Käppchen in drei Teile aufteilen (6-8-6).

Die Abnahmen für den Zwickel arbeiten, 28 Rd glatt re stricken bzw. bis der Fußteil inkl. Ferse 11 cm lang ist.

Die Abnahmen an der Spitze als Bandabnahmen ohne Zwischenrunden arbeiten. Die Länge von der Ferse bis zur Spitze beträgt 13 cm. Die 2. Socke genauso stricken.

FERTIGSTELLUNG

Gitternetz: Nacheinander 1 blauen und 1 roten Faden durch jede 3. M ziehen, so dass ein Gitternetz auf dem glatt re gestrickten Streifen zwischen den Krausrippen entsteht: Den Faden zunächst durch die M der 1. Rd an der unteren Kante des glatt re gestrickten Streifens, dann durch die M der 4. Rd und zum Schluss durch die M der 7. Rd an der oberen Kante des Streifens ziehen. Von dort wieder nach unten in die M der 4. Rd und in die M der 1. Rd und so lange wdh, bis der Streifen rundum mit dem Gitternetz verziert ist. Dabei die Fäden in der M der 4. Rd in der Mitte des glatt re gestrickten Streifens verkreuzen. Die Fäden nicht zu fest anziehen, damit die Stiche beim Tragen und Waschen der Socken elastisch bleiben. Alle Fadenenden vernähen.

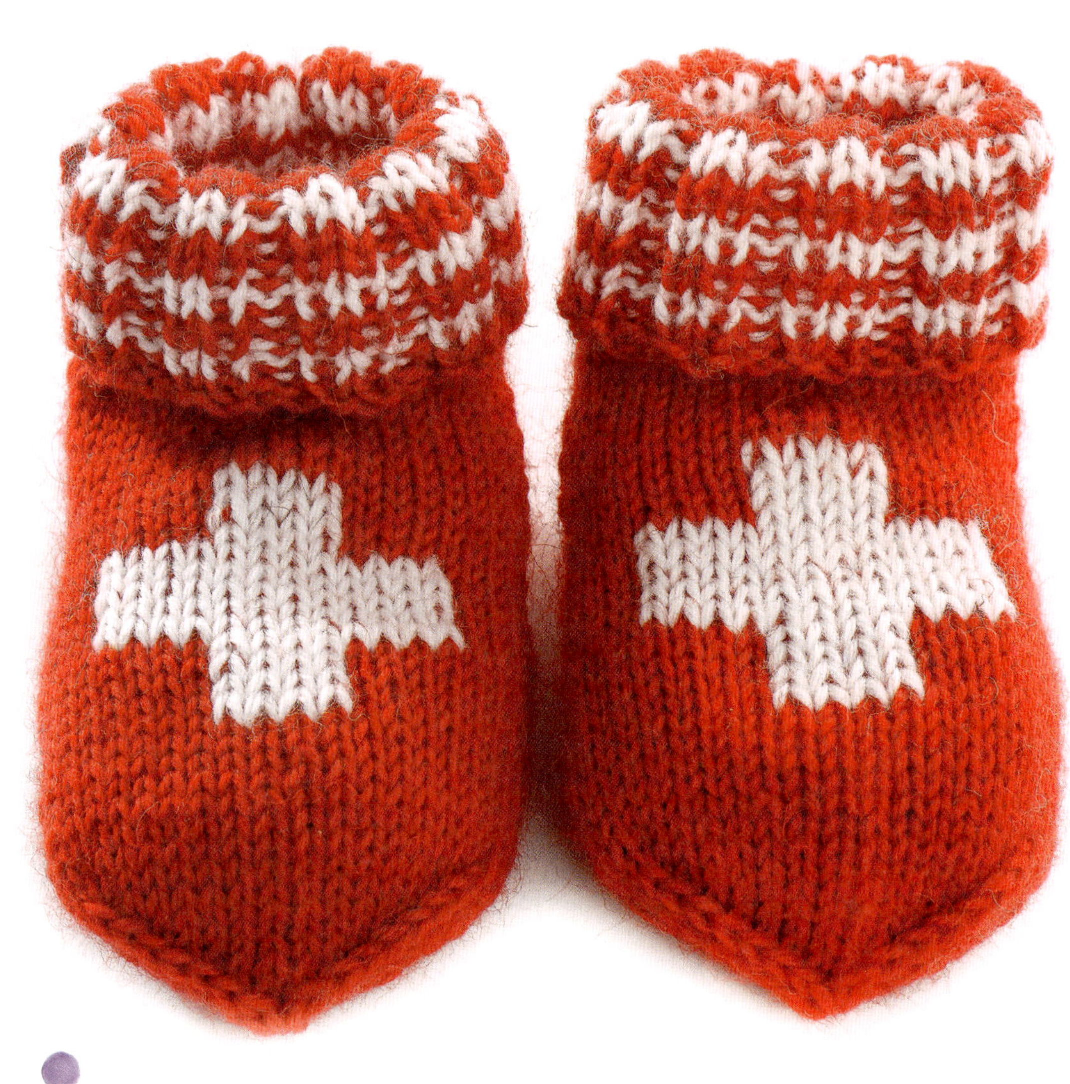

ERSTE-HILFE-SOCKEN

SIE BRAUCHEN

- Nadelspiel Nr. 3 und Nähnadel
- Novita Nalle in Rot und Weiß

KRANKENSCHWESTER
bist du jetzt,
was für ein Segen,
viel Glück auf deinen Wegen!

SO GEHT'S

Rote Socken mit rot-weiß gestreiftem Schaft (1 Streifen = 2 Rd): 40 M in Rot anschlagen und auf 4 Nd des Nadelspiels gleichmäßig verteilen. Zur Runde schließen. 26 Rd bzw. 13 Streifen (8 cm) im Rippenmuster (2 M re, 2 M li) stricken. Die Socke in Rot zu Ende stricken.

Eine (verstärkte) Ferse arbeiten, die Fersenmaschen für das Käppchen in drei Teile aufteilen (6-8-6).

Die Abnahmen für den Zwickel arbeiten und insgesamt 28 Rd stricken bzw. bis der Fußteil inkl. Ferse 11 cm lang ist.

Die Abnahmen an der Spitze als Bandabnahmen ohne Zwischenrunden arbeiten. Die Länge von der Ferse bis zur Spitze beträgt 13 cm. Die 2. Socke genauso stricken.

FERTIGSTELLUNG

Das Erste-Hilfe-Zeichen mit weißem Faden nach dem Zählmuster aufsticken. Alle Fadenenden vernähen.

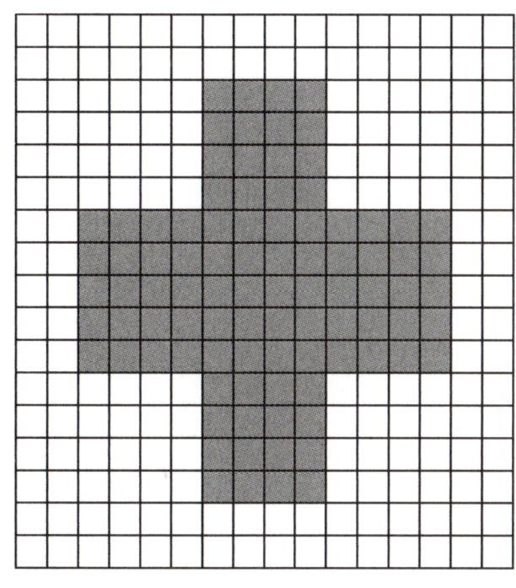

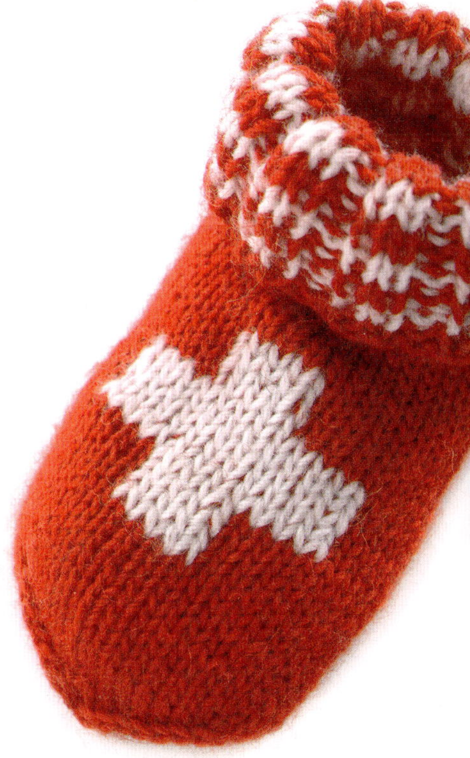

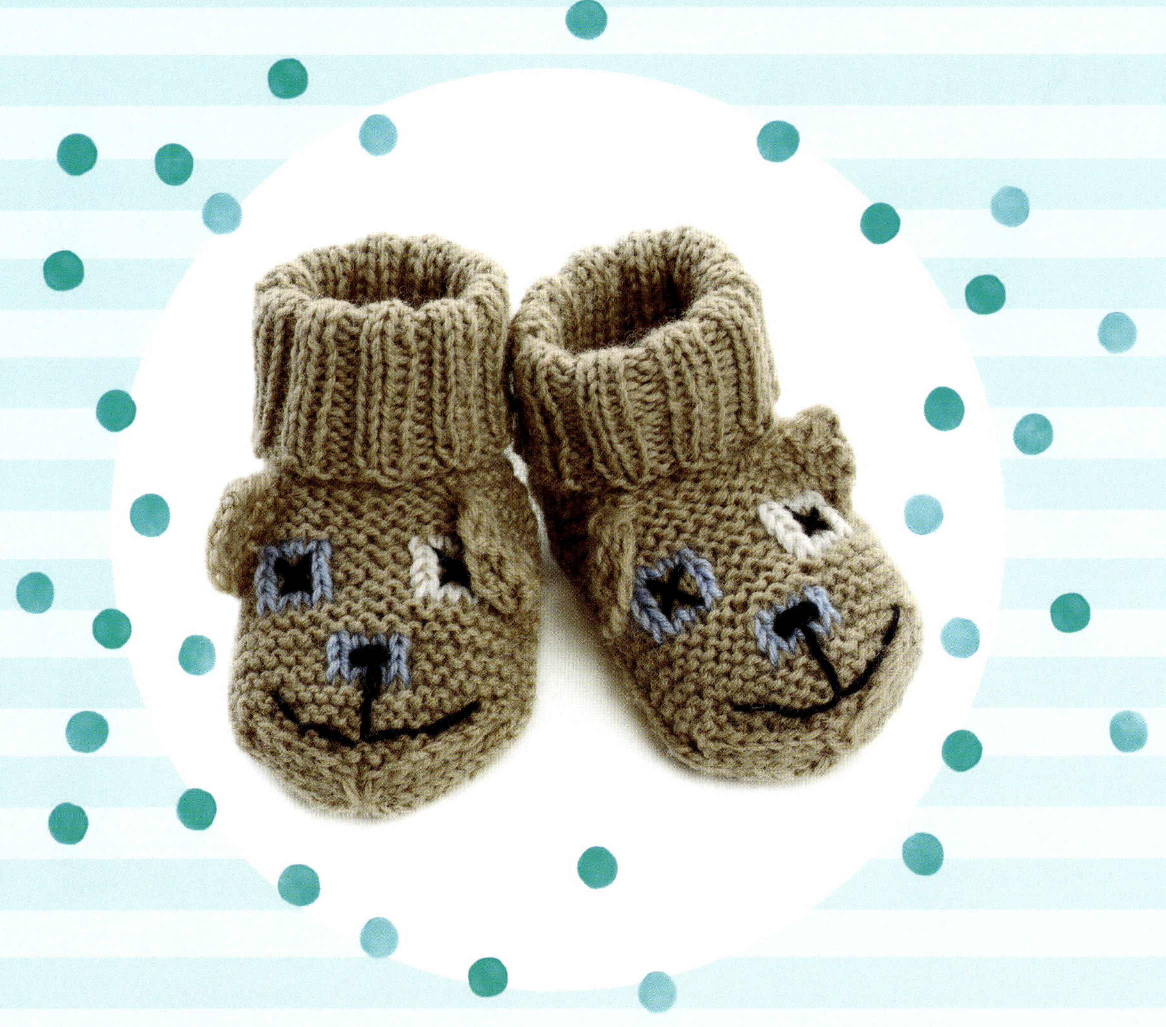

Wie die Zeit vergeht geschwind!
Jetzt hab ich schon das erste Enkelkind!

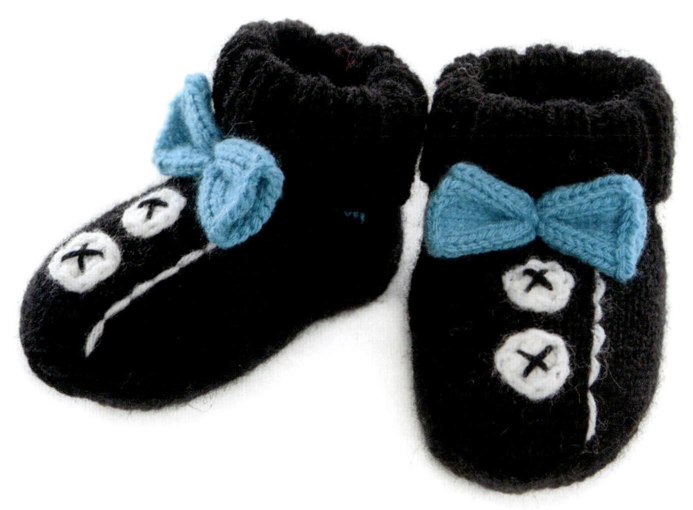

Festtagssocken
Smileysocken
Teddysocken
Hockeysocken

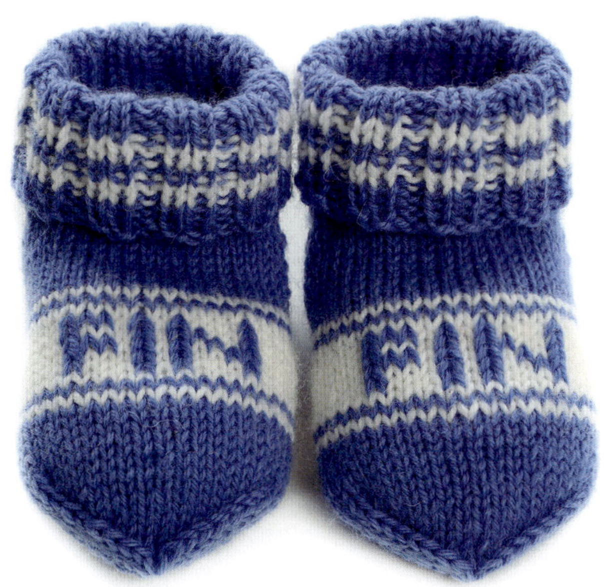

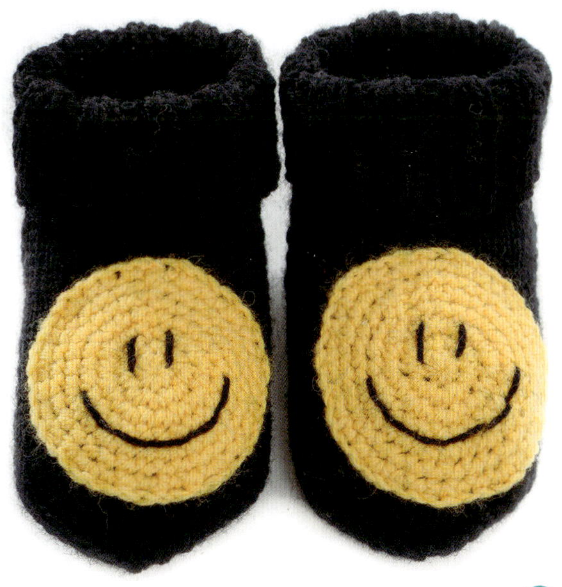

Festtagssocken

Nun schläft der süße Enkelsohn,
so niedlich anzuschauen.
Wir freu'n uns alle schon
auf's Feiern bis zum Morgengrauen.

SIE BRAUCHEN

- Nadelspiel Nr. 3, Häkelnadel Nr. 2,5 und Nähnadel
- Novita Nalle in Schwarz und Weiß, Red Heart Baby in Türkis

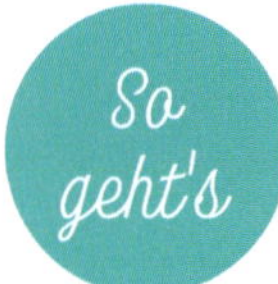

Schwarze Socken mit einem türkisfarbenen Streifen: 40 M in Schwarz anschlagen und auf 4 Nd des Nadelspiels gleichmäßig verteilen. Zur Runde schließen. 23 Rd im Rippenmuster (2 M re, 2 M li) stricken. Zu Türkis wechseln und 2 Rd re stricken. 1 Rd re in Schwarz stricken.

Eine (verstärkte) Ferse in Schwarz arbeiten, die Fersenmaschen für das Käppchen in drei Teile aufteilen (6-8-6).

Die Abnahmen für den Zwickel arbeiten und insgesamt 28 Rd glatt re stricken bzw. bis der Fußteil inkl. Ferse 11 cm lang ist.

Die Abnahmen an der Spitze als Bandabnahmen ohne Zwischenrunden arbeiten. Die Länge von der Ferse bis zur Spitze beträgt 13 cm. Die 2. Socke genauso stricken.

FLIEGE

15 M in Türkis anschlagen und auf 3 Nd des Nadelspiels gleichmäßig verteilen = 5 M pro Nd. Zur Rd schließen. 20 Rd glatt re, abketten. Die Enden offen lassen. 2 Fliegen stricken.

KNÖPFE

14 hStb in Weiß in einen Fadenring häkeln. Die Rd mit einer Km schließen. Ein langes Fadenende zum Annähen des Knopfes hängen lassen. Mit schwarzem Faden ein schwarzes Kreuz aufsticken. Die Fadenenden abschneiden und vernähen. Insgesamt 4 Knöpfe häkeln.

FERTIGSTELLUNG

Die Fliege in der Mitte falten und mittig auf dem türkisfarbenen Streifen annähen. Unterhalb der Fliege 2 Knöpfe untereinander mit dem langen Fadenende rundum fest annähen. Neben den Knöpfen die Hemdkante ab dem türkisfarbenen Streifen bis zur Sockenspitze mit weißem Faden im Steppstich aufsticken. Die Stiche nicht zwischen die M stechen, sonst versinken sie im Gestrick. Die Fäden nicht zu fest anziehen, damit die Stiche beim Tragen und Waschen der Socken elastisch bleiben. Alle Fadenenden vernähen. Die 2. Socke genauso verzieren.

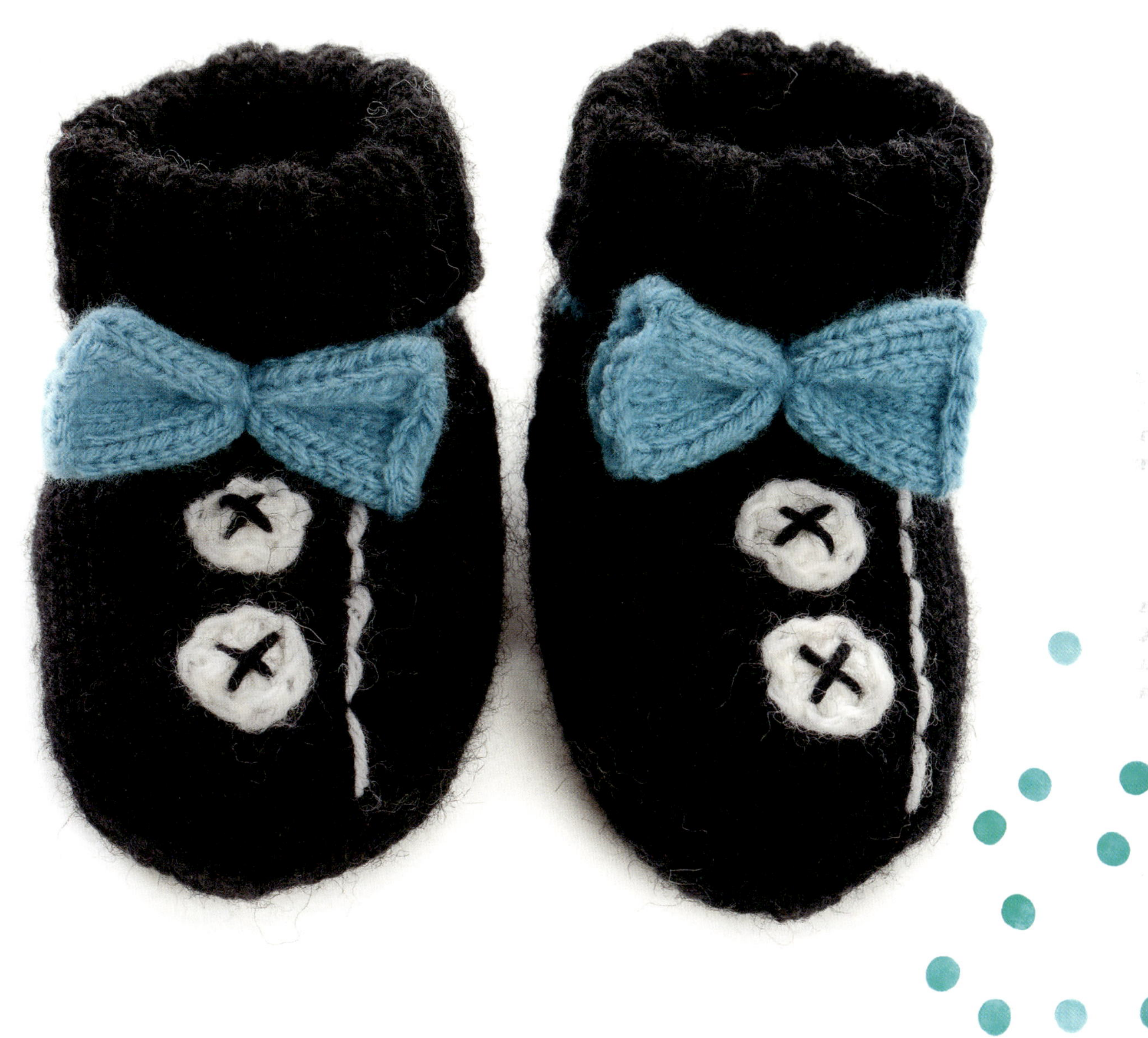

Smileysocken

SIE BRAUCHEN

- Nadelspiel Nr. 3, Häkelnadel Nr. 2,5 und Nähnadel
- Novita Nalle in Schwarz und Gelb

So geht's

Schwarze Socken: 40 M anschlagen und auf 4 Nd des Nadelspiels gleichmäßig verteilen. Zur Runde schließen. 26 Rd (8 cm) im Rippenmuster (2 M re, 2 M li) stricken.

Eine (verstärkte) Ferse arbeiten, die Fersenmaschen für das Käppchen in drei Teile aufteilen (6-8-6).

Die Abnahmen für den Zwickel arbeiten und insgesamt 28 Rd glatt re stricken bzw. bis der Fußteil inkl. Ferse 11 cm lang ist.

Die Abnahmen an der Spitze als Bandabnahmen ohne Zwischenrunden arbeiten. Die Länge von der Ferse bis zur Spitze beträgt 13 cm. Die 2. Socke genauso stricken.

SMILEY

Kreis in Gelb: 8 fM in einen Fadenring häkeln. Nächste Rd: 2 fM in jede fM = 16 fM. 3. Rd: 2 fM in jede 2. fM = 24 fM. 4. Rd: ohne Zunahmen. 5. Rd: 2 fM in jede 3. fM = 32 fM. 6. Rd: ohne Zunahmen. Letzte Rd: 2 fM in jede 3. fM = 42 fM. Jede Rd mit einer Km schließen. Ein langes Fadenende zum Annähen des Smileys hängen lassen. Insgesamt 2 Kreise häkeln.

FERTIGSTELLUNG

Mit schwarzem Faden Augen und Mund im Steppstich auf die Smileys sticken. Die Fäden abschneiden und vernähen. Die Smileys mit dem langen Fadenende rundum fest annähen. Alle Fadenenden vernähen.

*Die Smileys sind für dich,
du amüsierst dich königlich.
Ein lachendes Gesicht am Bein,
das hat nicht jeder – nein, nein, nein!*

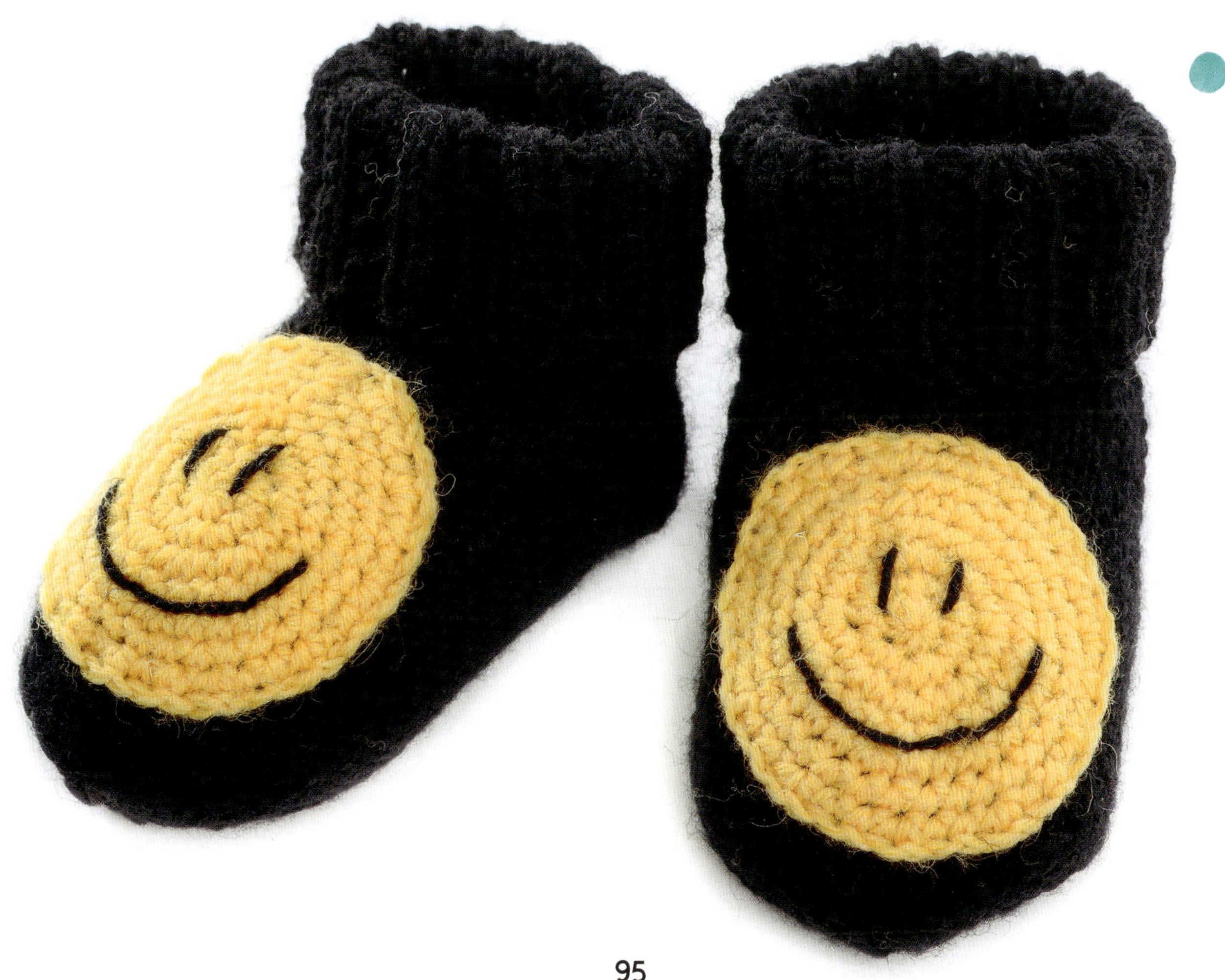

Teddysocken

Sieh nur, der süße Teddybär,
die Wölfe sind erschrocken.
Ich hab keine Angst vorm Wolf,
ich hab ja Omis Zaubersocken.

SIE BRAUCHEN

- Nadelspiel Nr. 3, Nähnadel
- Novita Wool oder ähnliches Garn in Beige, Novita Nalle in Schwarz, Weiß und Hellblau

So geht's

Beige Socken: 40 M anschlagen und auf 4 Nd des Nadelspiels gleichmäßig verteilen. Zur Runde schließen. 26 Rd (8 cm) im Rippenmuster (2 M re, 2 M li) stricken.

Eine (verstärkte) Ferse arbeiten, die Fersenmaschen für das Käppchen in drei Teile aufteilen (6-8-6).

Die Abnahmen für den Zwickel arbeiten und den Fußteil stricken: Auf der Sockenoberseite mit der 2. und 3. Nd kraus re (1 Rd re, 1 Rd li), auf der Sockenunterseite mit der 1. und 4. Nd glatt re bis zur Spitze stricken. Auf der Sockenoberseite zunächst 12 Rd kraus re, danach die Quadrate für die Augen stricken: *1 Rd re. In der nächsten Rd mit der 2. und 3. Nd 4 M li, 4 M re, 4 M li, 4 M re, 4 M li*. Von * bis * noch 2x wdh. Auf der Sockenoberseite sind nun 2 glatt re gestrickte Quadrate zu sehen. 4 Rd kraus re, dann die Nase wie folgt: *1 Rd re. In der nächsten Rd mit der 2. und 3. Nd 8 M li, 4 M re, 8 M li*. Von * bis * noch 1x wdh. Auf der Sockenoberseite ist nun ein glatt re gestricktes Rechteck zu sehen. Weiter kraus re, bis insgesamt 28 Rd gestrickt sind bzw. der Fußteil inkl. Ferse 11 cm lang ist.

Die Abnahmen an der Spitze als Bandabnahmen ohne Zwischenrunden arbeiten. Die Länge von der Ferse bis zur Spitze beträgt 13 cm. Die 2. Socke genauso stricken..

OHREN

An der äußeren Ecke des Augenquadrates schräg verlaufend 6 M in Beige aufnehmen und mit 2 Nd 6 R kraus re stricken. In der nächsten R beidseitig je 1 M abnehmen. 1 R stricken, in der nächsten R alle M abketten. Das 2. Ohr genauso arbeiten. Das Fadenende vom Ohrläppchen durch die Seitenmaschen auf die Rückseite ziehen, den Faden anziehen und vernähen. So rollt sich das Ohr etwas ein. Das zweite Fadenende abschneiden.

FERTIGSTELLUNG

Für die Augen die äußeren M der Quadrate (Höhe 5 M, Breite 4 M) im Maschenstich besticken: Ein Auge mit weißem Faden, das andere mit hellblauem Faden. Für die Nase die äußeren M des Rechtecks (Höhe 3 M, Breite 4 M) mit hellblauem Faden besticken. Alle Fadenenden vernähen. Jeweils mit schwarzem Faden ein Kreuz auf die Augen sticken, im Steppstich die Nase ausfüllen und den Mund aufsticken. Die Fäden nicht zu fest anziehen, damit die Stiche beim Tragen und Waschen der Socken elastisch bleiben. Alle Fadenenden vernähen. Die 2. Socke genauso verzieren.

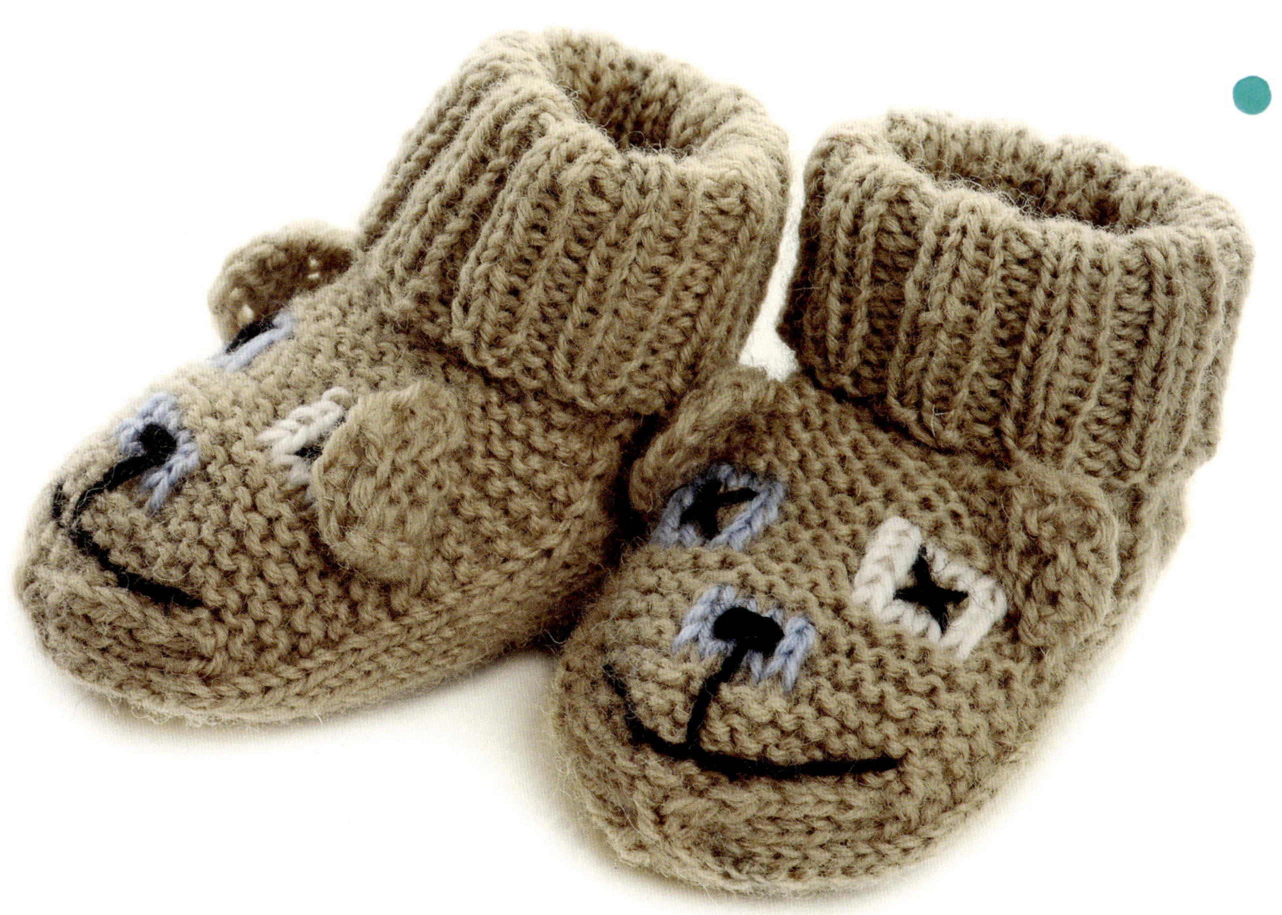

Hockeysocken

SIE BRAUCHEN

- Nadelspiel Nr. 3, Nähnadel
- Novita Nalle in Blau und Weiß

Der kleine Hockeyfan
zog seine Finnlandsocken an.
Schwang den Schläger, traf das Tor,
groß war die Freud, wie nie zuvor.

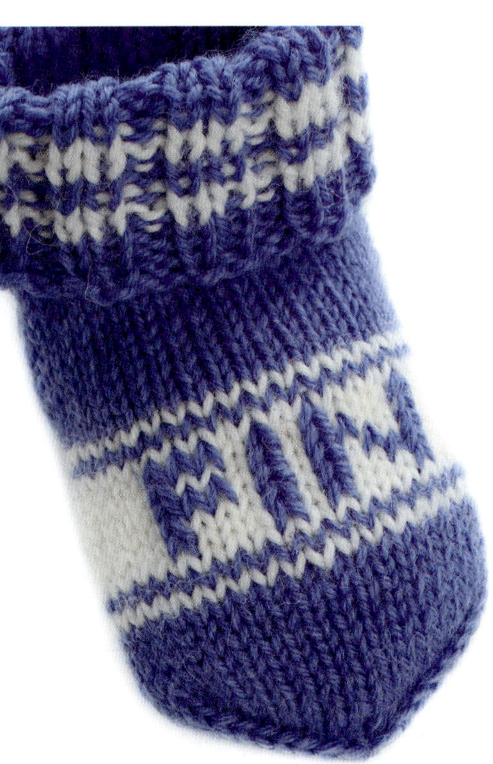

So geht's Zweifarbige Socken: 40 M in Blau anschlagen und auf 4 Nd des Nadelspiels gleichmäßig verteilen. Zur Runde schließen. Im Rippenmuster (2 M re, 2 M li) 3 Rd in Blau, 2 Rd in Weiß, 2 Rd in Blau, 2 Rd in Weiß stricken. In Blau weitere Rd stricken, bis insgesamt 26 Rd (8 cm) gestrickt sind.

Eine (verstärkte) Ferse in Blau arbeiten, die Fersenmaschen für das Käppchen in drei Teile aufteilen (6-8-6).

Die Abnahmen für den Zwickel arbeiten und den Fußteil stricken: 10 Rd in Blau, 1 Rd in Weiß, 1 Rd in Blau, 7 Rd in Weiß, 1 Rd in Blau, 1 Rd in Weiß, 7 Rd in Blau = insgesamt 28 Rd glatt re bzw. bis der Fußteil inkl. Ferse 11 cm lang ist.

Die Abnahmen an der Spitze als Bandabnahmen ohne Zwischenrunden arbeiten. Die Länge von der Ferse bis zur Spitze beträgt 13 cm. Die 2. Socke genauso stricken.

FERTIGSTELLUNG

Mit blauem Faden die M laut Zählmuster im Maschenstich auf dem breiten weißen Streifen aufsticken. Alle Fadenenden vernähen.

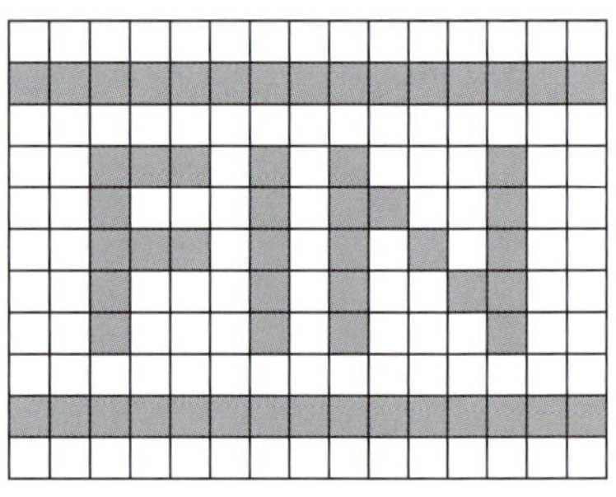

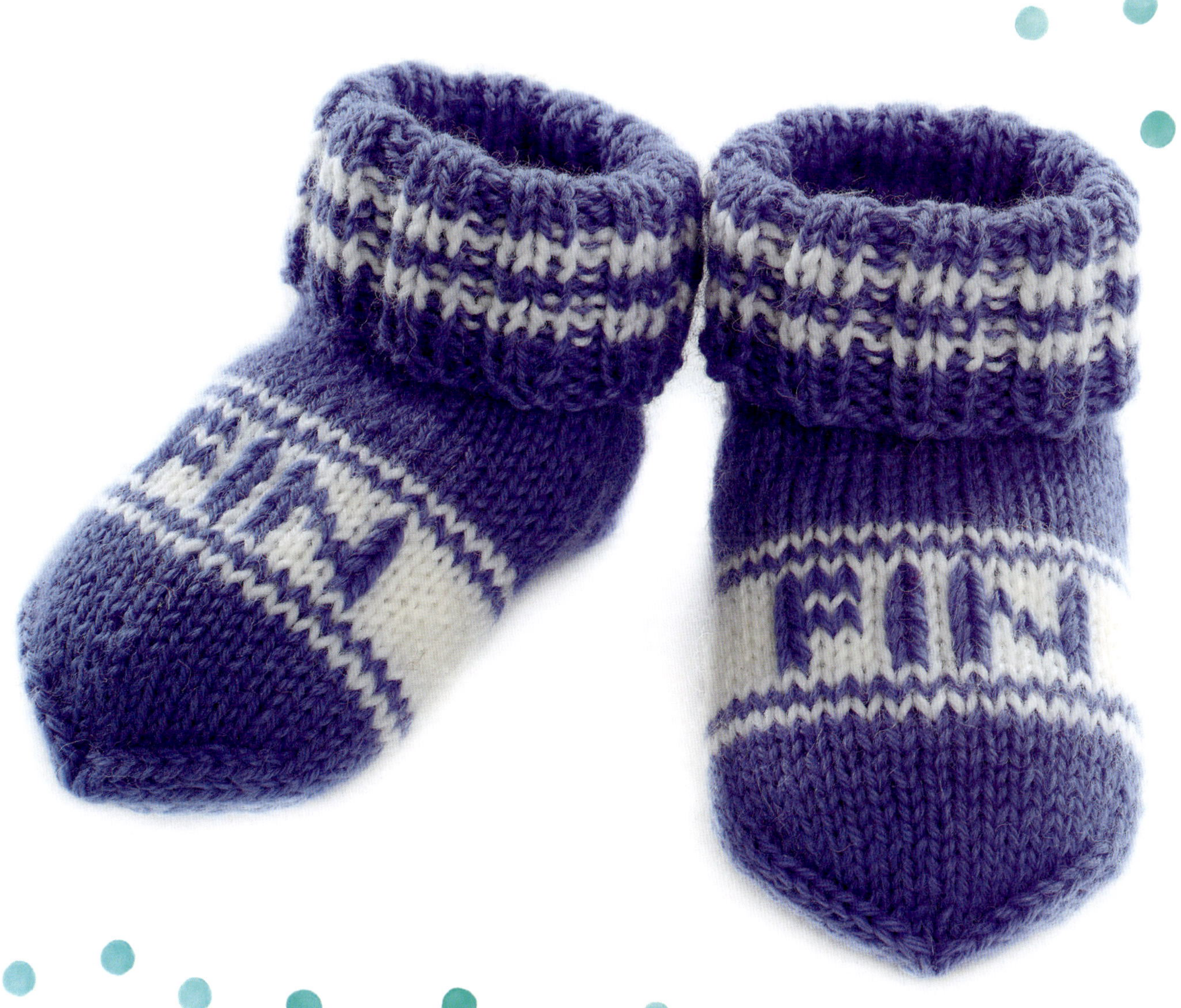

Taufsocken
Omisocken
Pandasocken

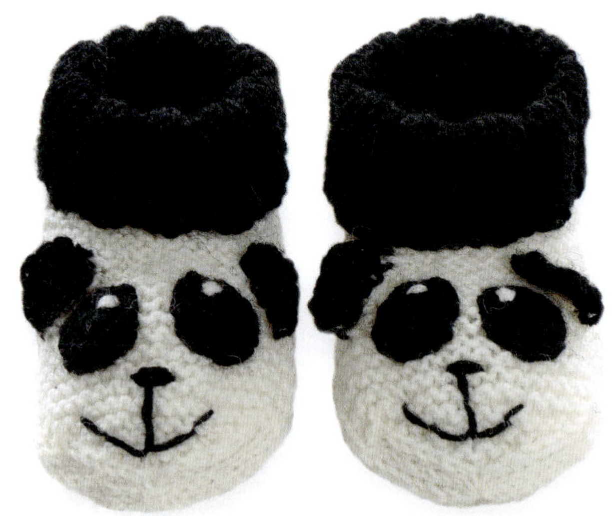

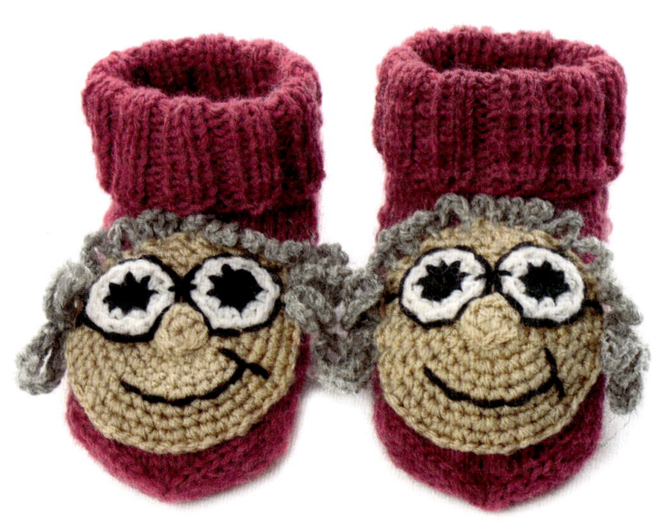

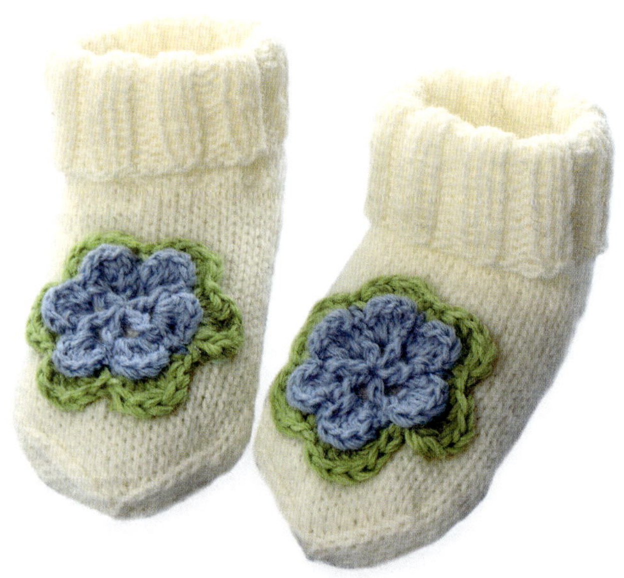

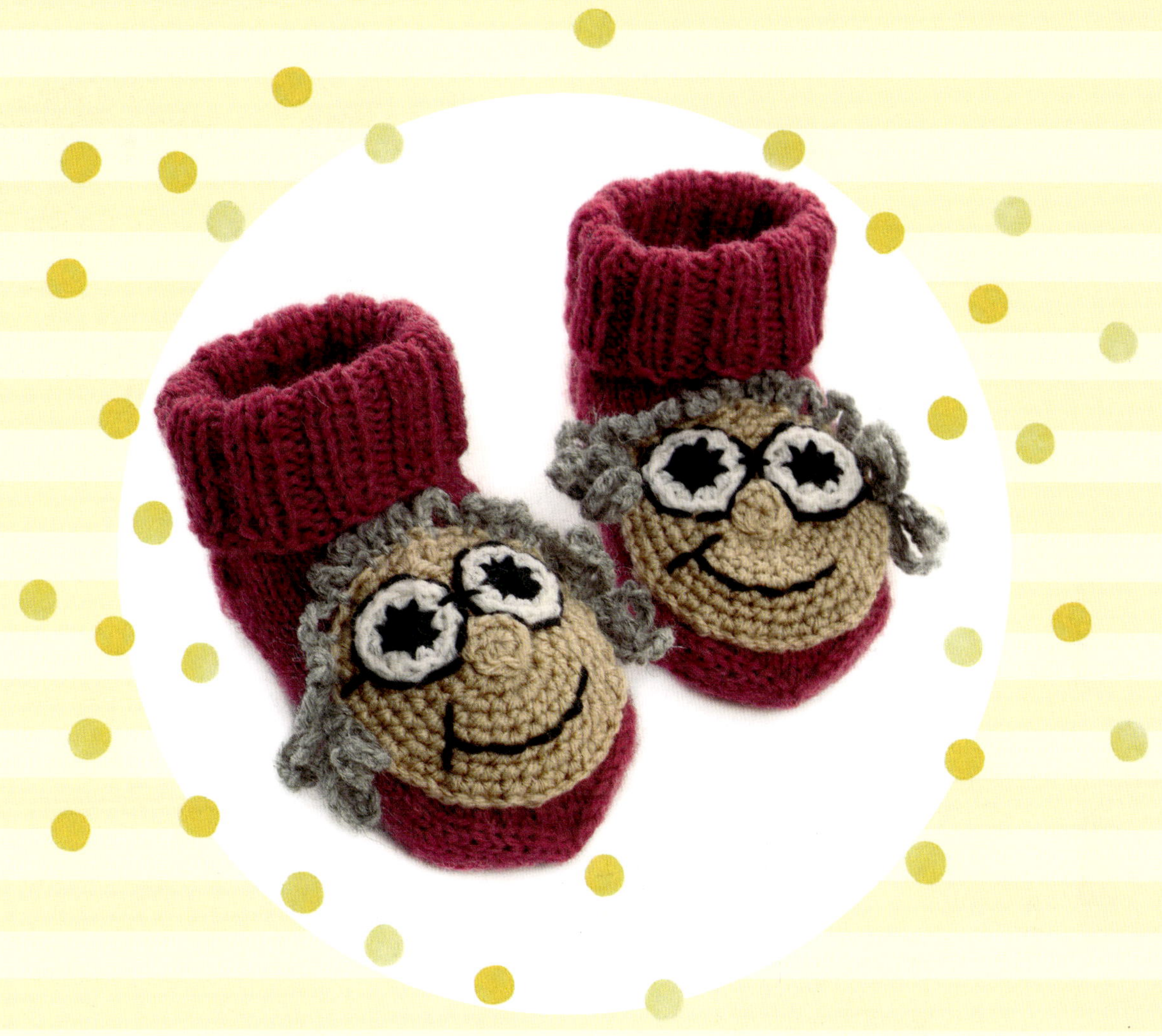

NOCH *mehr Enkelkinder werden kommen,*
Buben oder Mädel, alle sind willkommen.

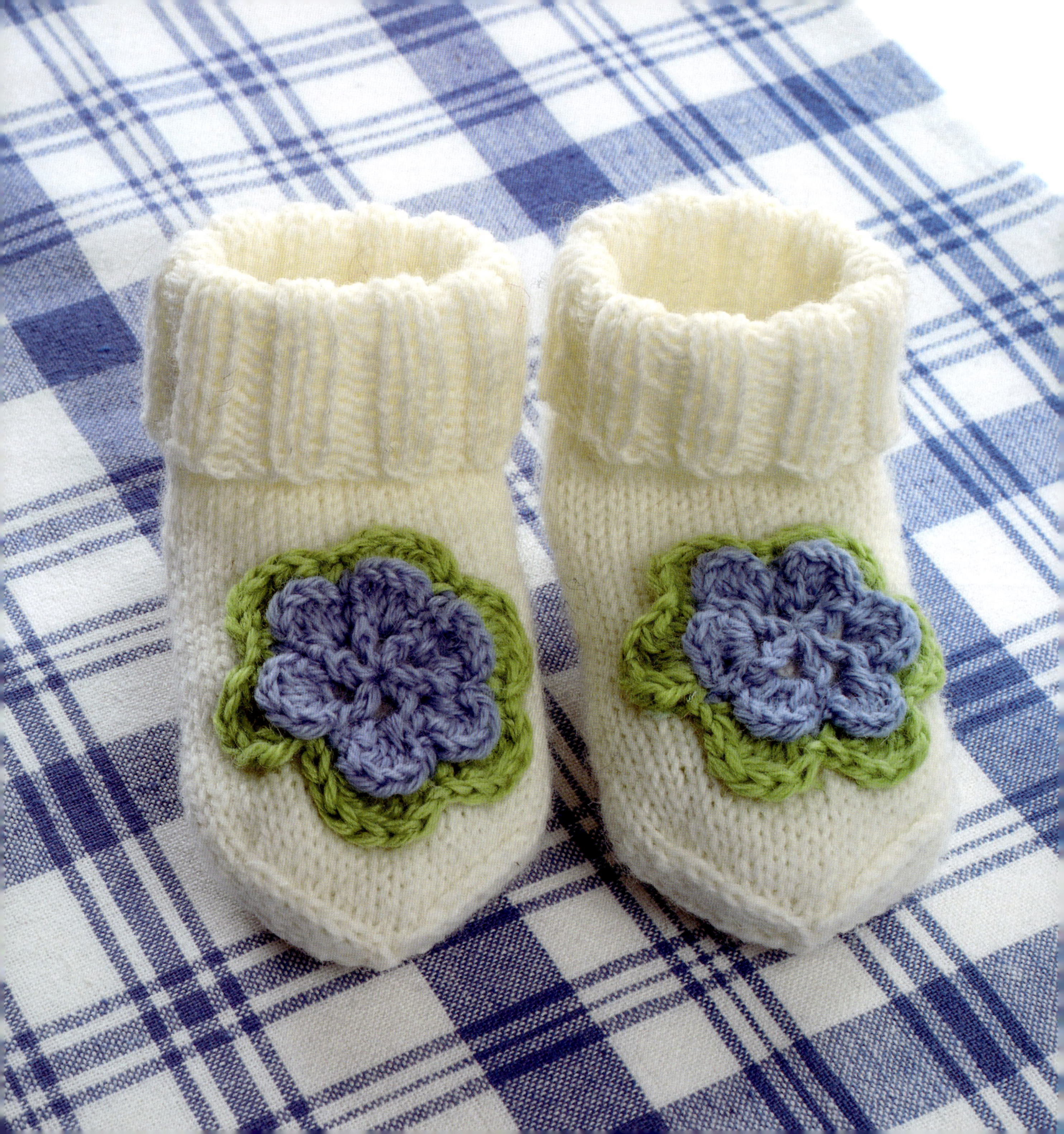

TAUFSOCKEN

DER KLEINE JUNGE wird getauft,
und alle sind dabei.
Ein festlich Taufkleid wurd gekauft,
und dazu noch allerlei.

SIE BRAUCHEN

- Nadelspiel Nr. 3, Häkelnadel Nr. 2,5 und Nähnadel
- Novita Nalle in Weiß und Hellblau, Superwash-Garn in Hellgrün

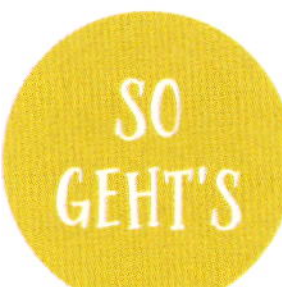

Weiße Socken: 40 M anschlagen und auf 4 Nd des Nadelspiels gleichmäßig verteilen. Zur Runde schließen. 26 Rd (8 cm) im Rippenmuster (2 M re, 2 M li) stricken.

Eine (verstärkte) Ferse arbeiten, die Fersenmaschen für das Käppchen in drei Teile aufteilen (6-8-6).

Die Abnahmen für den Zwickel arbeiten und insgesamt 28 Rd glatt re stricken bzw. bis der Fußteil inkl. Ferse 11 cm lang ist.

Die Abnahmen an der Spitze als Bandabnahmen ohne Zwischenrunden arbeiten. Die Länge von der Ferse bis zur Spitze beträgt 13 cm. Die 2. Socke genauso stricken.

BLUME

Blume in Hellblau: Einen Fadenring und 5 Lm häkeln, *1 Stb, 2 Lm*, von * bis * noch 4x wdh = insgesamt 6 Stb mit je 2 Lm dazwischen. 2. Rd: *1 fM, 5 Stb, 1 fM* in den Lm-Bogen zwischen den Stb, von * bis * insgesamt 6x wdh. Die Arbeit wenden. Unter den Blättern *1 fM zwischen die Blätter, 3 Lm*, von * bis * bis Rd-Ende wdh. Auf der Blumenrückseite sind nun 6 Lm-Bogen. Die Rd mit einer Km schließen. Den Faden abschneiden, dabei ein langes Fadenende zum Annähen der Blume hängen lassen. Blütenblätter in Hellgrün: Von der rechten Seite der Arbeit aus *1 fM, 5 Stb, 1 fM* in den hellblauen Lm-Bogen, von * bis * 5x wdh. Die Rd mit einer Km schließen. Den Faden abschneiden, dabei ein langes Fadenende zum Annähen der Blütenblätter hängen lassen. Die 2. Blume mit Blütenblättern genauso häkeln.

FERTIGSTELLUNG

Die Fadenenden der Blume und der Blütenblätter abschneiden und vernähen. Die Blume mit dem langen Fadenende rundum fest annähen. Auch die Blütenblätter mit kleinen Stichen annähen. Alle Fadenenden vernähen.

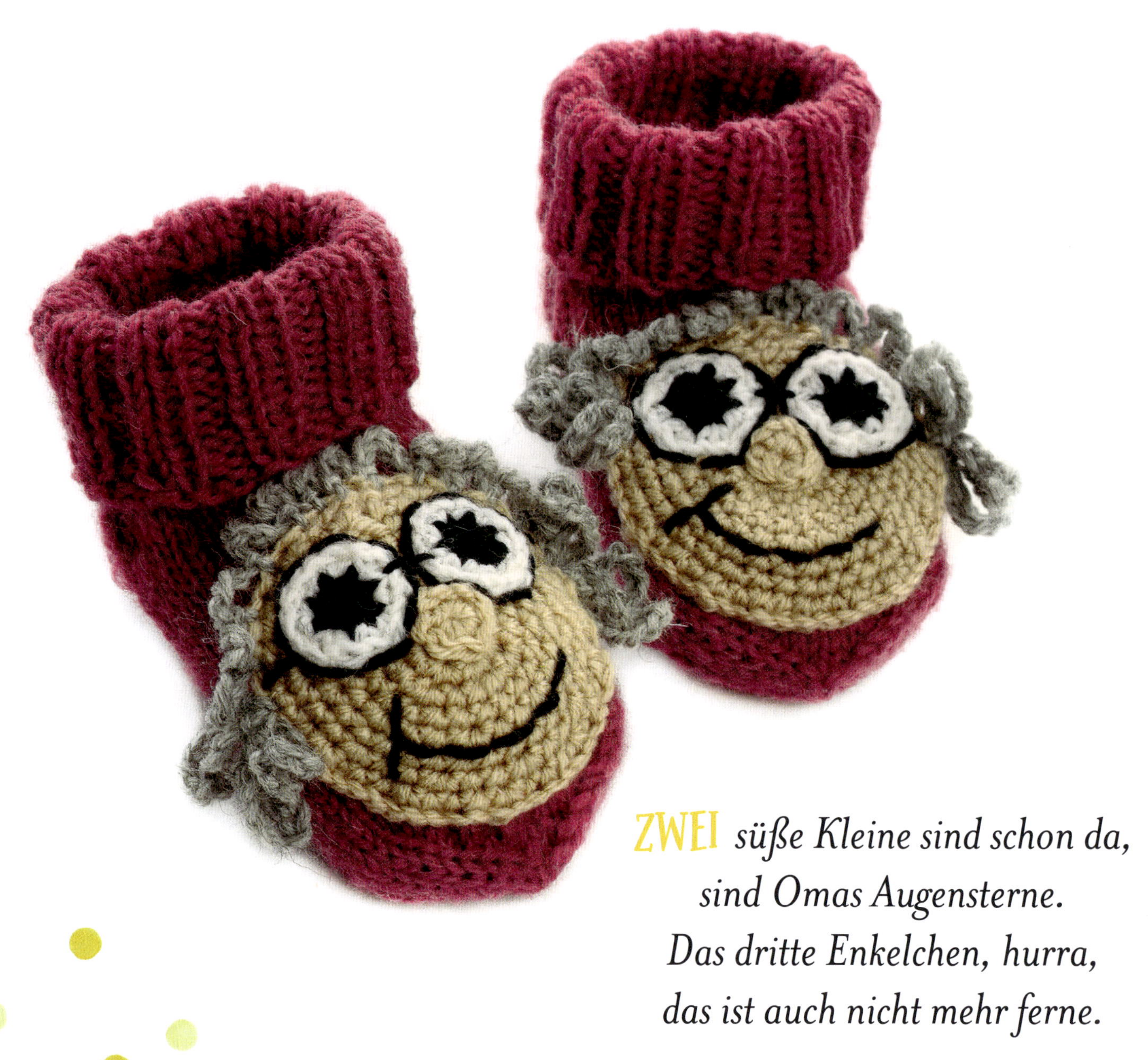

ZWEI *süße Kleine sind schon da,*
sind Omas Augensterne.
Das dritte Enkelchen, hurra,
das ist auch nicht mehr ferne.

OMISOCKEN

SIE BRAUCHEN

- Nadelspiel Nr. 3, Häkelnadel Nr. 2,5 und Nähnadel
- Novita Nalle in Schwarz, Weiß und Grau, Novita Nordic Wool in Purpur, Novita Ipana in Beige

SO GEHT'S

Purpurfarbene Socken: 40 M anschlagen und auf 4 Nd des Nadelspiels gleichmäßig verteilen. Zur Runde schließen. 26 Rd (8 cm) im Rippenmuster (2 M re, 2 M li) stricken.

Eine (verstärkte) Ferse arbeiten, die Fersenmaschen für das Käppchen in drei Teile aufteilen (6-8-6).

Die Abnahmen für den Zwickel arbeiten und insgesamt 28 Rd glatt re stricken bzw. bis der Fußteil inkl. Ferse 11 cm lang ist.

Die Abnahmen an der Spitze als Bandabnahmen ohne Zwischenrunden arbeiten. Die Länge von der Ferse bis zur Spitze beträgt 13 cm. Die 2. Socke genauso stricken.

GESICHT

Kreis in Beige: 8 fM in einen Fadenring häkeln. Nächste Rd: 2 fM in jede fM = 16 fM. 3. Rd: 2 fM in jede 2. fM = 24 fM. 4. Rd: ohne Zunahmen. 5. Rd: 2 fM in jede 3. fM = 32 fM. 6. Rd: ohne Zunahmen. 7. Rd: 2 fM in jede 3. fM = 42 fM. Letzte Rd: 2 fM in jede 4. fM, am Rd-Ende noch 2 fM = 52 fM. Jede Rd mit einer Km schließen. Ein langes Fadenende zum Annähen des Gesichtes hängen lassen. Insgesamt 2 Kreise häkeln.

AUGEN

8 fM in Schwarz in einen Fadenring häkeln. Zu Weiß wechseln und in der nächsten Rd 2 fM in jede fM häkeln = 16 fM. Die Rd mit einer Km schließen. Ein langes Fadenende zum Annähen des Auges hängen lassen. Die Fadenenden abschneiden und vernähen. Insgesamt 4 Augen häkeln.

NASE

14 hStb in Beige in einen Fadenring häkeln. Die Rd mit einer Km schließen. Ein langes Fadenende zum Annähen der Nase hängen lassen. Das andere Fadenende vernähen. Insgesamt 2 Nasen häkeln.

HAARE

Mit grauem Faden Lm-Bogen als Haare rund um das Gesicht häkeln: An einer Seite beginnen, 1 Stb und 15 Lm, 1 Stb in dieselbe fM, insgesamt 3x (= 3 große Lm-Bogen). 6 Lm und 1 Stb in jede 2. fM, insgesamt 12x (= 12 kleine Lm-Bogen). 1 Stb und 15 Lm, 1 Stb in dieselbe fM, insgesamt 3x (= 3 große Lm-Bogen). Alle Fadenenden vernähen.

FERTIGSTELLUNG

Die Nase mit dem langen Fadenende rundum mittig auf das Gesicht nähen. Die Augen beidseitig der Nase mit dem langen Fadenende rundum fest annähen. Mit schwarzem Faden die Brille und den Mund im Steppstich aufsticken. Alle Fadenenden vernähen. Das Gesicht mit dem langen Fadenende rundum fest annähen.

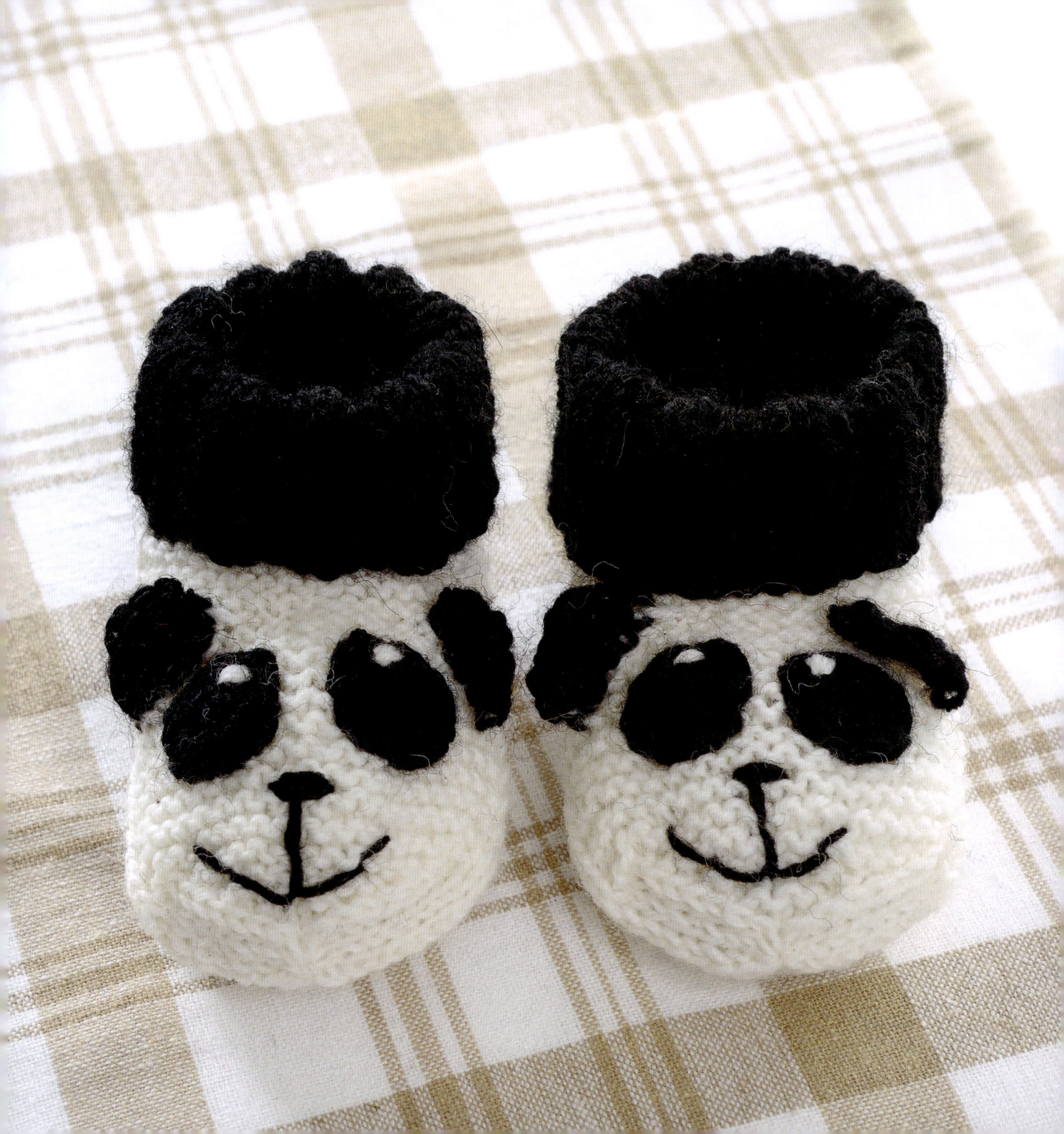

PANDASOCKEN

SIE BRAUCHEN

- Nadelspiel Nr. 3, Häkelnadel Nr. 2,5 und Nähnadel
- Novita Nalle in Schwarz und Weiß

ES WAR einmal ein Panda,
der trug den Namen Wanda.
Das kleine Mädchen freute sich:
Die schönen Socken sind für mich?

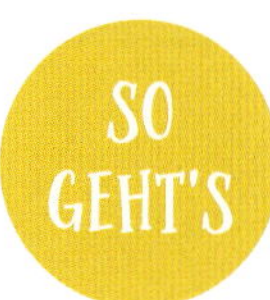

Zweifarbige Socken: 40 M in Schwarz anschlagen und auf 4 Nd des Nadelspiels gleichmäßig verteilen. Zur Runde schließen. 26 Rd (8 cm) im Rippenmuster (2 M re, 2 M li) stricken.
Eine (verstärkte) Ferse in Schwarz arbeiten, die Fersenmaschen für das Käppchen in drei Teile aufteilen (6-8-6).

Zu Weiß wechseln. Die Abnahmen für den Zwickel arbeiten und den Fußteil stricken: Auf der Sockenoberseite mit der 2. und 3. Nd kraus re (1 R re, 1 R li), auf der Sockenunterseite mit der 1. und 4. Nd glatt re bis zur Spitze = insgesamt 28 Rd stricken bzw. bis der Fußteil inkl. Ferse 11 cm lang ist.

Zu Weiß wechseln. Die Abnahmen für den Zwickel arbeiten und den Fußteil stricken: Auf der Sockenoberseite mit der 2. und 3. Nd kraus re (1 R re, 1 R li), auf der Sockenunterseite mit der 1. und 4. Nd glatt re bis zur Spitze = insgesamt 28 Rd stricken bzw. bis der Fußteil inkl. Ferse 11 cm lang ist.

Die Abnahmen an der Spitze als Bandabnahmen ohne Zwischenrunden arbeiten. Die Länge von der Ferse bis zur Spitze beträgt 13 cm. Die 2. Socke genauso stricken.

AUGEN

Ovale Augen in Schwarz: 8 fM in einen Fadenring häkeln. Nächste Rd: 2 fM in jede fM häkeln, 2 fM in die nächste fM, 2 hStb in die nächste fM, 2 hStb in die nächste fM, 2 Stb in die nächste fM, 2 Stb in die nächste fM, 2 hStb in die nächste fM, 2 hStb in die nächste fM = 16 fM. Die Rd mit einer Km schließen. Ein langes Fadenende zum Annähen des Auges hängen lassen. Mit weißem Faden einen Punkt an der oberen Kante auf das Auge sticken. Die Fadenenden vernähen. Die Augen mit dem langen Fadenende rundum fest annähen. Insgesamt 4 Augen häkeln.

OHREN

Nachdem die Augen auf die Socken genäht sind, mit schwarzem Faden schräg verlaufend 6 M über einem Auge auffassen. 6 R kraus re stricken. In der nächsten R beidseitig 1 M (= insgesamt 2 M) abnehmen. 1 R stricken. In der nächsten R alle M abketten. Das 2. Ohr genauso stricken. Das Fadenende vom Ohrläppchen durch die Seitenmaschen auf die Rückseite ziehen, den Faden anziehen und vernähen. So rollt sich das Ohr etwas ein. Das zweite Fadenende vernähen. 2 Ohren pro Socke stricken.

FERTIGSTELLUNG

Mit schwarzem Faden die Nase und den Mund im Steppstich an der Sockenspitze aufsticken. Den Faden nicht zu fest anziehen, damit die Stiche beim Tragen und Waschen der Socken elastisch bleiben. Alle Fadenenden vernähen.

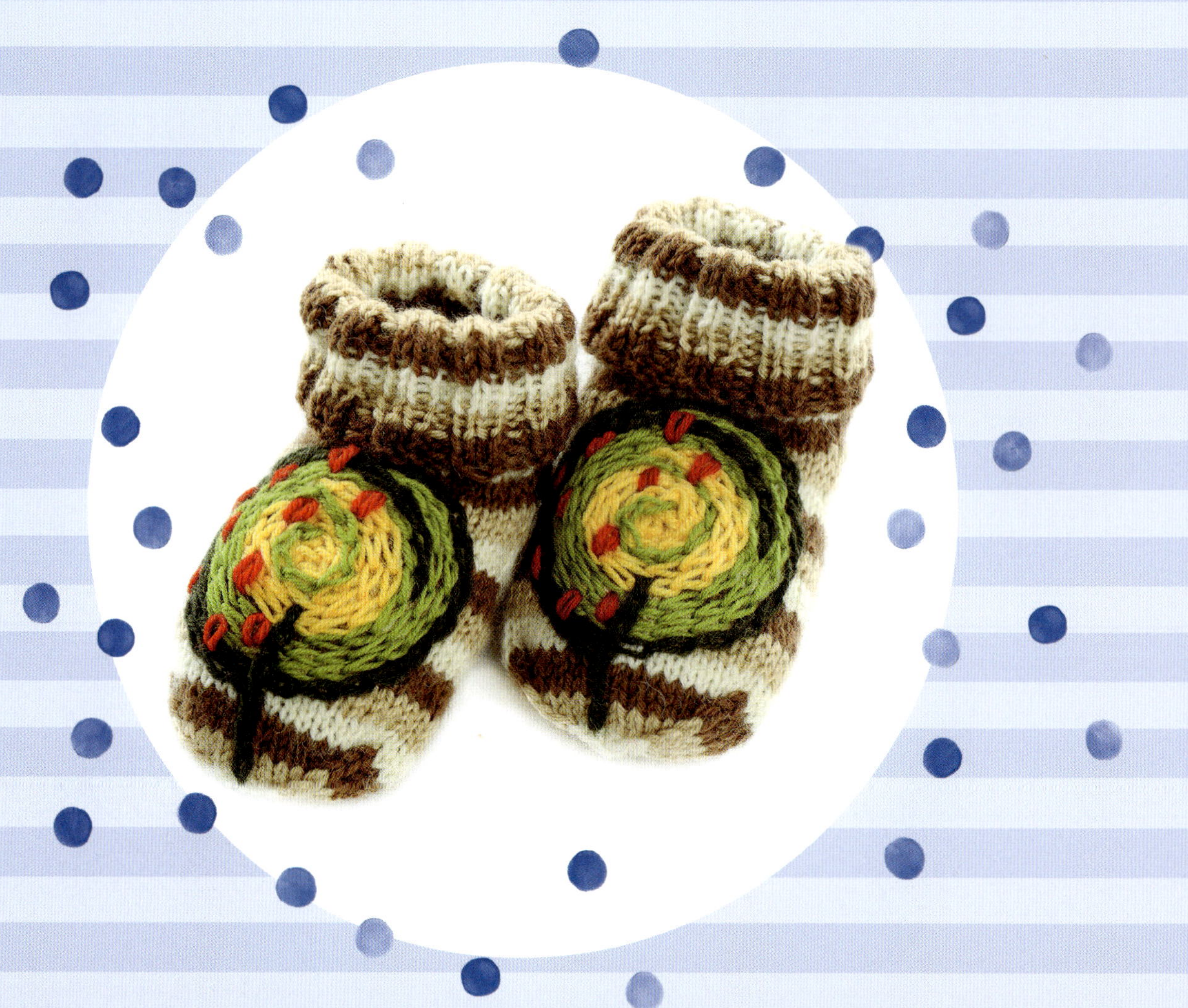

Jahreszeiten ändern sich, es vergehen die Jahre.
Doch die Erinnerung bewahre – tief im Herzen ewiglich.

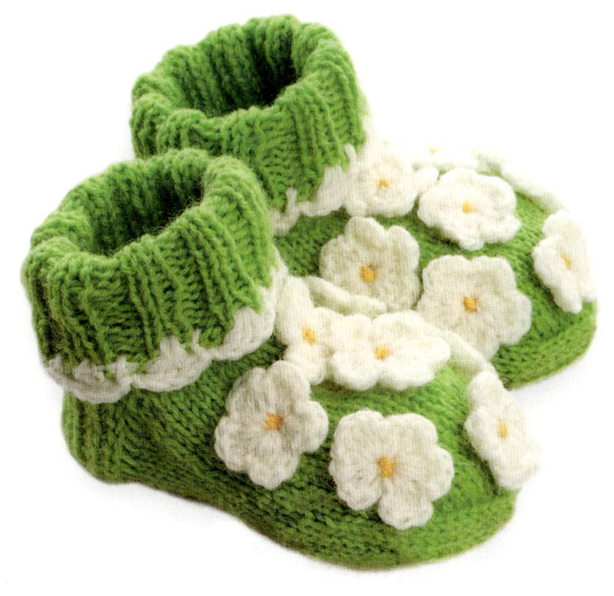

Sommersocken
Herbstsocken
Wintersocken
Frühlingssocken

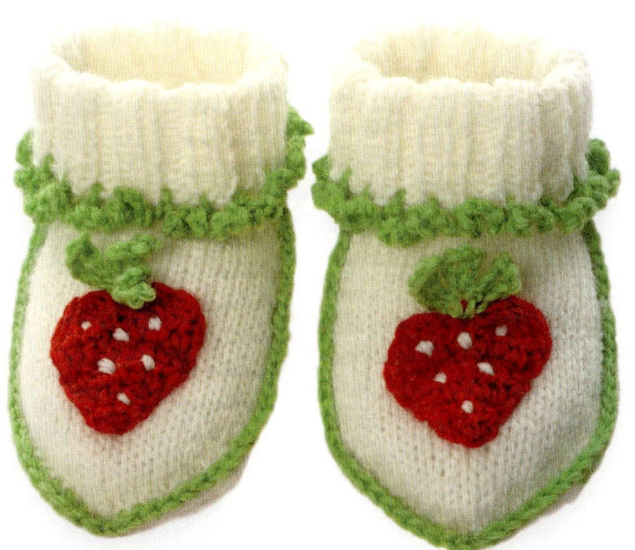

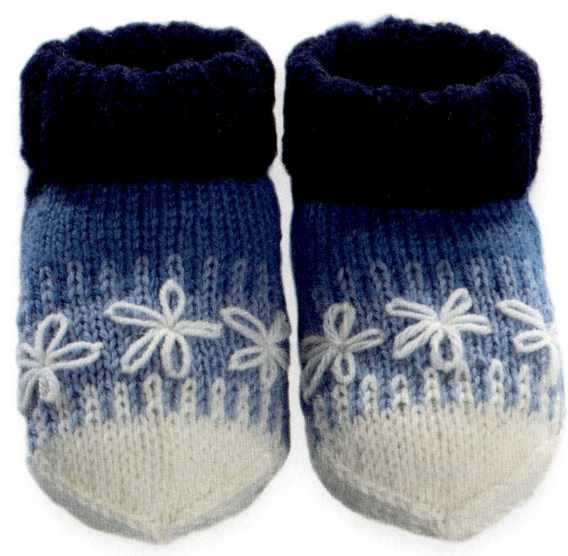

Sommersocken

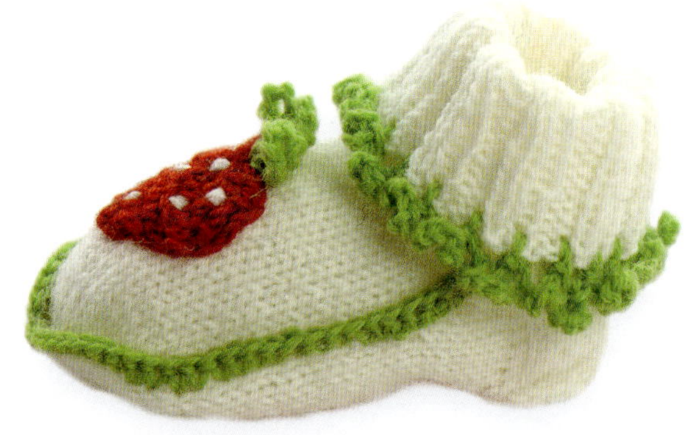

SIE BRAUCHEN

- Nadelspiel Nr. 3, Häkelnadel Nr. 2,5 und Nähnadel
- Novita Nalle in Weiß und Rot, Superwash-Garn in Limette

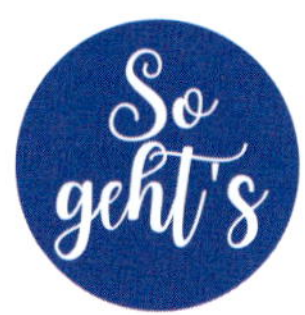

Weiße Socken: 40 M anschlagen und auf 4 Nd des Nadelspiels gleichmäßig verteilen. Zur Runde schließen. 26 Rd (8 cm) im Rippenmuster (2 M re, 2 M li) stricken.

Eine (verstärkte) Ferse arbeiten, die Fersenmaschen für das Käppchen in drei Teile aufteilen (6-8-6).

Die Abnahmen für den Zwickel arbeiten und insgesamt 28 Rd glatt re stricken bzw. bis der Fußteil inkl. Ferse 11 cm lang ist.

Die Abnahmen an der Spitze als Bandabnahmen ohne Zwischenrunden arbeiten. Die Länge von der Ferse bis zur Spitze beträgt 13 cm. Die 2. Socke genauso stricken.

ERDBEERE

Herzförmige Erdbeere in Rot: 3 hStb in einen Fadenring häkeln. Die Arbeit wenden. 2. R: 2 Lm, 1 hStb in dasselbe hStb, 1 hStb und 2 hStb in das letzte hStb = 5 hStb. Die Arbeit wenden. 3. R: 2 Lm, 1 hStb in dasselbe hStb, 3 hStb, 2 hStb in das letzte hStb = 7 hStb. Die Arbeit wenden. 4. R: 2 Lm und 1 hStb in dasselbe hStb, 5 hStb, 2 hStb in das letzte hStb = 9 hStb. Die Arbeit wenden. 5. R: ohne Zunahmen. 6. R: 2 Lm, 3 hStb zusammenhäkeln, 2 Lm, 1 fM in das 5. hStb. 2 Lm, 3 hStb zusammenhäkeln, 2 Lm, die R mit einer Km bis zum äußeren hStb der Vorreihe beenden. Ein langes Fadenende zum Annähen der Erdbeere hängen lassen. Insgesamt 2 Erdbeeren häkeln.

Blätter in Limette: 1 Stb in die mittlere fM an der oberen Erdbeerkante häkeln, 10 Lm, 1 Stb, insgesamt 3x (= 3 Lm-Bogen). Den Faden abschneiden und vernähen.

Mit Weiß Punkte auf die Erdbeeren sticken. Die Fadenenden vernähen. Die Erdbeere mit dem langen Fadenende rundum fest annähen.

SEITENSTREIFEN

Seitenstreifen in Limette: Die Socke so falten, dass Oberteil und Sohle aufeinander liegen. So lässt sich der Seitenstreifen leichter häkeln. Von einer Seite zur anderen am Übergang zwischen der Sockenober- und der Sockenunterseite 1 Rd fM häkeln. An die andere Socke ebenso einen Seitenstreifen häkeln. Alle Fadenenden vernähen.

SPITZENBORTE

An die obere Kante des Schafts Lm-Bogen in Limette häkeln: *1 Stb und 10 Lm zwischen 2 re M häkeln. 1 Stb und 10 Lm zwischen 2 li M häkeln.* Von * bis * bis R-Ende wdh. Alle Fadenenden vernähen.

Sommerzeit ist Erdbeerzeit,
alle sind zum Mittsommerfest bereit.
Wenn ich sieben Blumen unters Kissen lege,
im Traum den Bräutigam ich sehe.

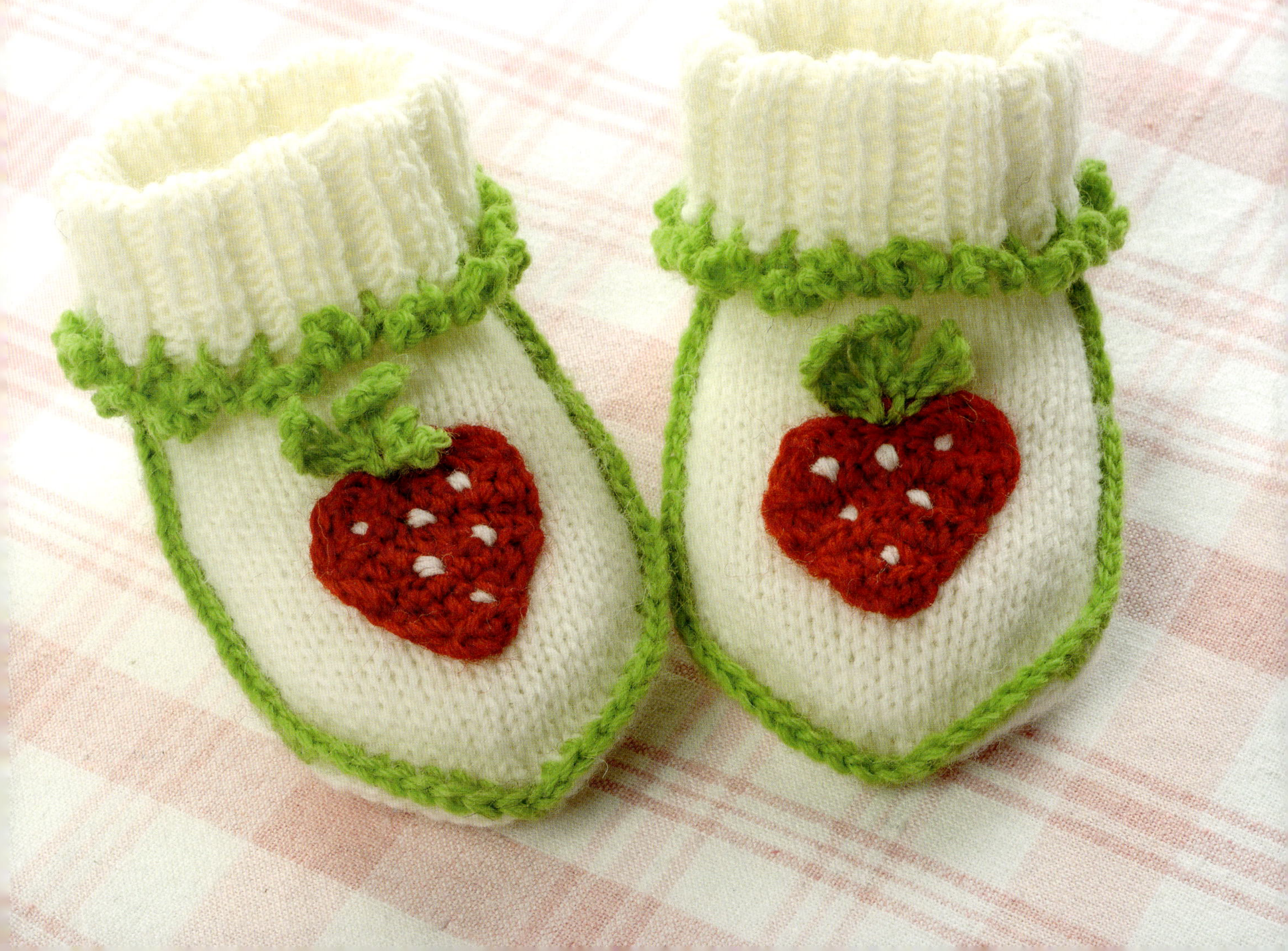

Herbstsocken

Kleine Äpfel, schön und rund,
obendrein auch sehr gesund.
Ich schau den Apfelbaum hinauf,
Bald sind sie reif –
ich freu mich drauf!

SIE BRAUCHEN

- Nadelspiel Nr. 3, Nähnadel
- Novita Nalle in Gelb, Rot, Dunkelgrün und Naturweiß, Novita Ipana in Beige, Superwash-Garn in Braun und Hellgrün

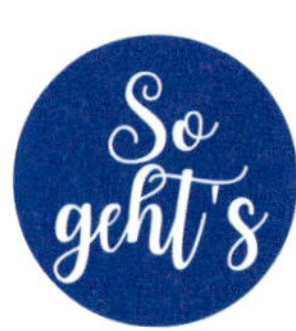

Gestreifte Socken: 1 Streifen = 3 Rd, in folgender Reihenfolge: Braun, Beige, Naturweiß. 40 M in Braun anschlagen und auf 4 Nd des Nadelspiels gleichmäßig verteilen. Zur Runde schließen. 27 Rd (9 Streifen) bzw. 8 cm im Rippenmuster (2 M re, 2 M li) stricken.

Eine (verstärkte) Ferse in Braun arbeiten, die Fersenmaschen für das Käppchen in drei Teile aufteilen (6-8-6).

Die Abnahmen für den Zwickel arbeiten und den Fußteil bis zur Spitze glatt re weiter in Streifen stricken, mit einem braunen Streifen beginnen, insgesamt 28 Rd bzw. bis der Fußteil inkl. Ferse 11 cm lang ist.

Die Abnahmen an der Spitze als Bandabnahmen ohne Zwischenrunden arbeiten. Die Länge von der Ferse bis zur Spitze beträgt 13 cm. Alle Fadenenden vernähen. Die 2. Socke genauso stricken.

APFELBAUM

Im Kettenstich einen runden Apfelbaum in 3 Farben aufsticken. Den Faden nicht zu fest anziehen, damit die Stiche beim Tragen und Waschen der Socken elastisch bleiben. Von innen nach außen arbeiten: Mit gelbem Faden 3 Kettenstiche zu einem Dreieck aufsticken, dann spiralförmig weiter, bis der Apfelbaum einen Durchmesser von ca. 3,5 cm hat. Auf dem gelben Kreis eine Spirale in Hellgrün aufsticken und den Kreis ca. 3 Rd lang fortsetzen. Zu Dunkelgrün wechseln, auf die hellgrünen Stiche ein paar Zentimeter im Kettenstich aufsticken, fortlaufend den Kreis in Dunkelgrün ca. 1,5 Rd weiterarbeiten, bis der Apfelbaum insgesamt 7 cm Durchmesser hat. Den Stamm in Dunkelgrün aufsticken. Im Margeritenstich eine beliebige Anzahl Äpfel in Rot aufsticken. Alle Fadenenden vernähen.

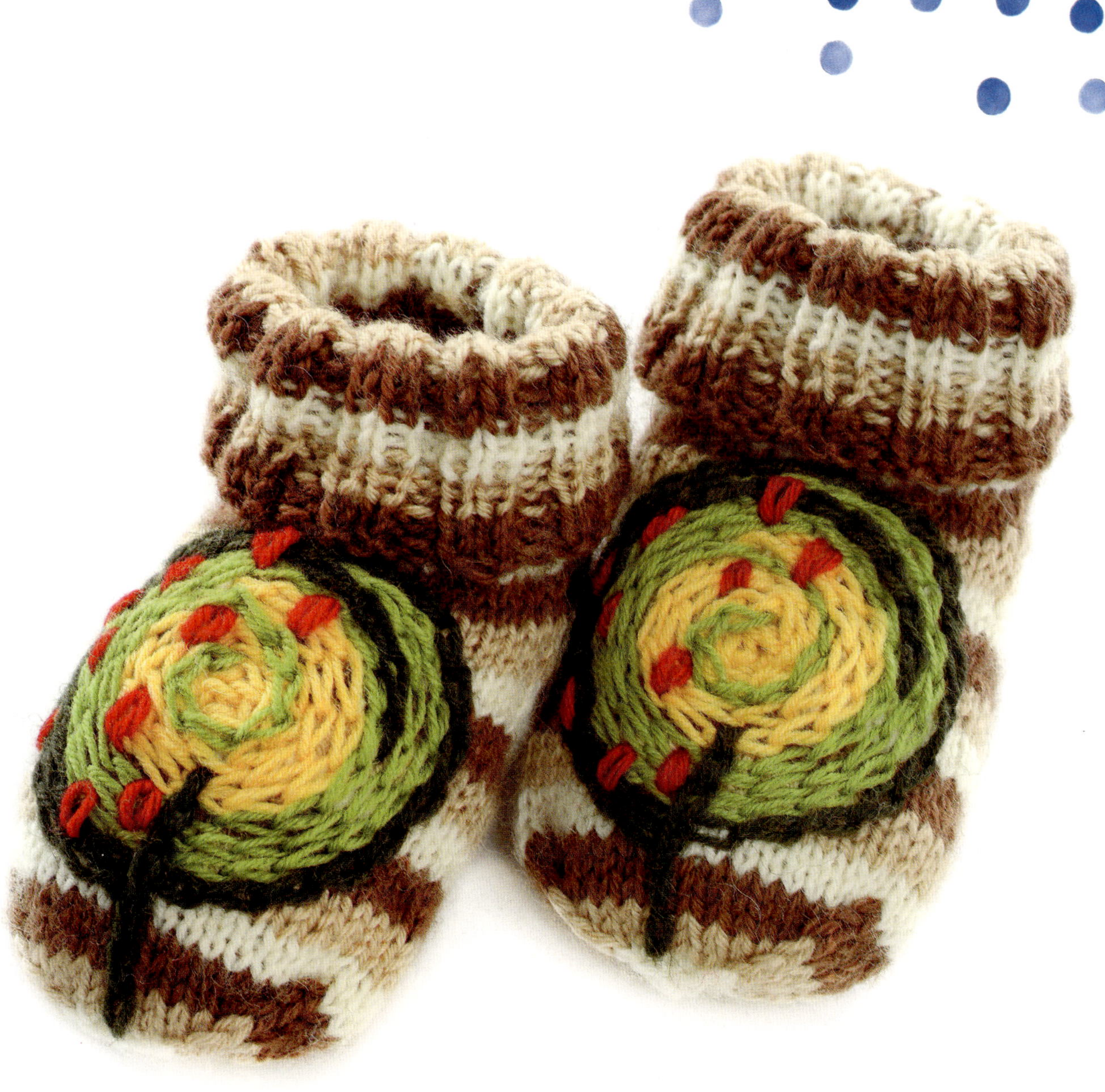

Wintersocken

Kam der Winter, kam der Schnee,
schmolz wieder weg, oh jemine!
Der Winter ging, der Schnee verging,
und dann kam auch der Frühling.

SIE BRAUCHEN

- Nadelspiel Nr. 3 und Nähnadel
- Novita Nalle in Dunkelblau, Klarblau, Hellblau und Weiß

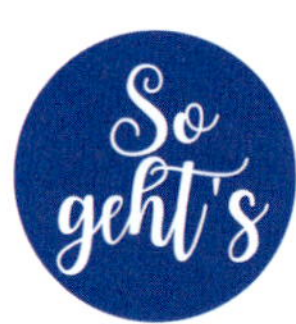

Vierfarbige Socken: 40 M in Dunkelblau anschlagen und auf 4 Nd gleichmäßig verteilen. Zur Runde schließen. 26 Rd (8 cm) im Rippenmuster (2 M re, 2 M li) stricken.

Zu Klarblau wechseln. Eine (verstärkte) Ferse arbeiten, die Fersenmaschen für das Käppchen in drei Teile aufteilen (6-8-6).

Die Zwickelabnahmen arbeiten, für den Fußteil glatt re 9 Rd in Klarblau stricken. Einstrickmuster: *1 M in Klarblau, 1 M in Hellblau*. Von * bis * bis Rd-Ende wdh, insgesamt 3 Rd. 9 Rd in Hellblau. Einstrickmuster: *1 M in Hellblau, 1 M in Weiß*. Von * bis * bis Rd-Ende wdh, insgesamt 3 Rd. 4 Rd in Weiß bzw. bis der Fußteil inkl. Ferse 11 cm lang ist.

Die Abnahmen an der Spitze als Bandabnahmen ohne Zwischenrunden arbeiten. Die Länge von der Ferse bis zur Spitze beträgt 13 cm. Die 2. Socke genauso stricken.

BLUMEN

Im Margeritenstich 3 Blumen nebeneinander in Weiß auf den hellblauen Streifen sticken, 5 Blütenblätter pro Blume. Zuerst die mittlere Blume, dann die seitlichen Blumen aufsticken. Den Faden nicht zu fest anziehen, damit die Stiche beim Tragen und Waschen der Socken elastisch bleiben. Alle Fadenenden vernähen.

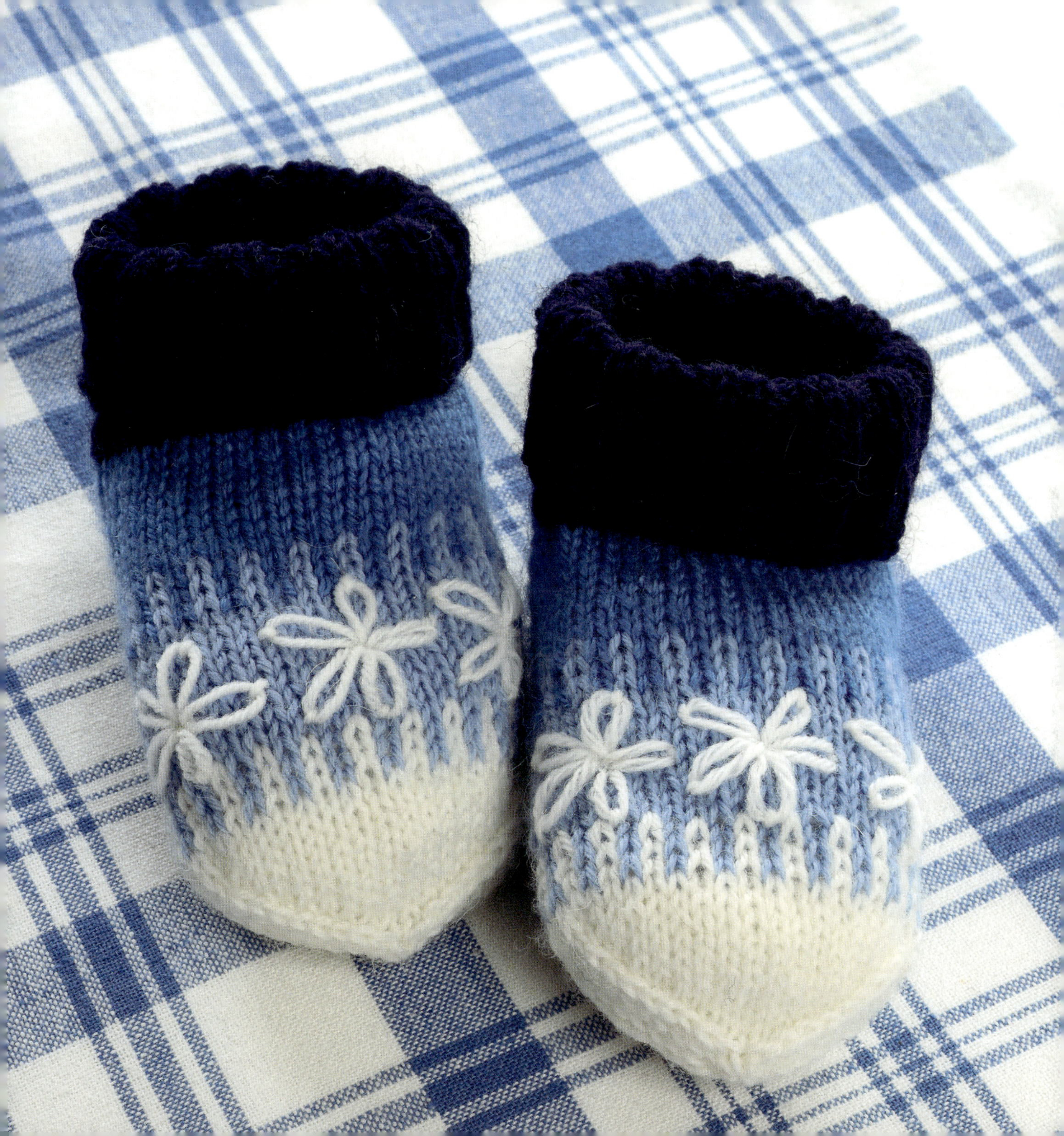

Frühlingssocken

SIE BRAUCHEN

- Nadelspiel Nr. 3, Häkelnadel Nr. 2,5 und Nähnadel
- Superwash-Garn in Grasgrün, Novita Nalle in Weiß und Gelb

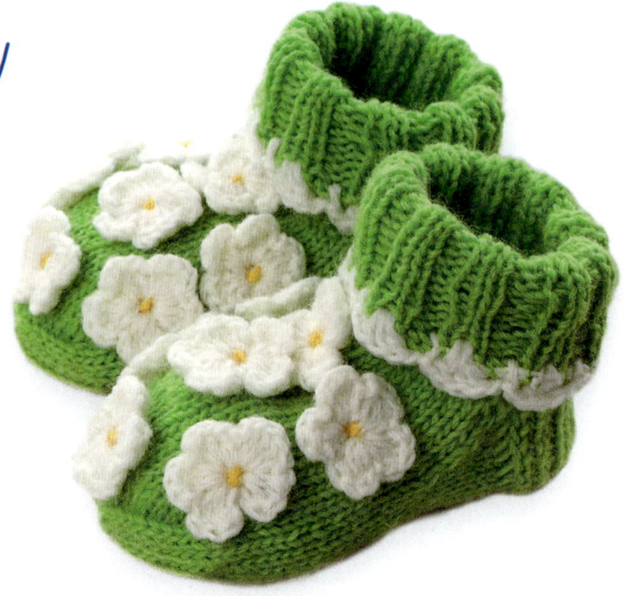

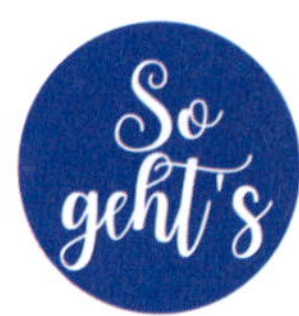

Grüne Socken: 40 M anschlagen und auf 4 Nd des Nadelspiels gleichmäßig verteilen. Zur Runde schließen. 26 Rd (8 cm) im Rippenmuster (2 M re, 2 M li) stricken.

Eine (verstärkte) Ferse arbeiten, die Fersenmaschen für das Käppchen in drei Teile aufteilen (6-8-6).

Die Abnahmen für den Zwickel arbeiten und insgesamt 28 Rd glatt re stricken bzw. bis der Fußteil inkl. Ferse 11 cm lang ist.

Die Abnahmen an der Spitze als Bandabnahmen ohne Zwischenrunden arbeiten. Die Länge von der Ferse bis zur Spitze beträgt 13 cm. Die 2. Socke genauso stricken.

BLUME

Kleine Blumen in Weiß: 5 Lm zum Ring schließen. *1 Lm, 3 Stb, 1 Lm, 1 fM* in den Ring häkeln. Von * bis * insgesamt 5x wdh, mit 1 Km enden (= 5 Blütenblätter). Alle Fadenenden vernähen. Für eine Socke benötigen Sie 7 Blumen. Die Blumen in der Blumenmitte mit gelbem Faden auf die Socke nähen, dabei den Faden auf der Innenseite straff bis zur nächsten Blume mitführen. So werden unnötige Fadenenden vermieden. Zuerst die mittlere Blume, dann die unteren und die oberen, zuletzt die seitlichen Blumen annähen. Wenn Sie möchten, können Sie auch die Blütenblätter rundum mit kleinen Stichen in Weiß annähen.

SPITZENBORTE

An die obere Kante des Schafts eine Spitzenborte in Weiß häkeln: 3 Lm und 2 Stb in dieselbe M zwischen 2 re M, *2 Lm, 1 Km und 2 Lm zwischen 2 li M, 3 Stb in dieselbe M zwischen 2 re M häkeln*. Von * bis * bis Rd-Ende wdh. Die Rd mit einer Km schließen. Alle Fadenenden vernähen.

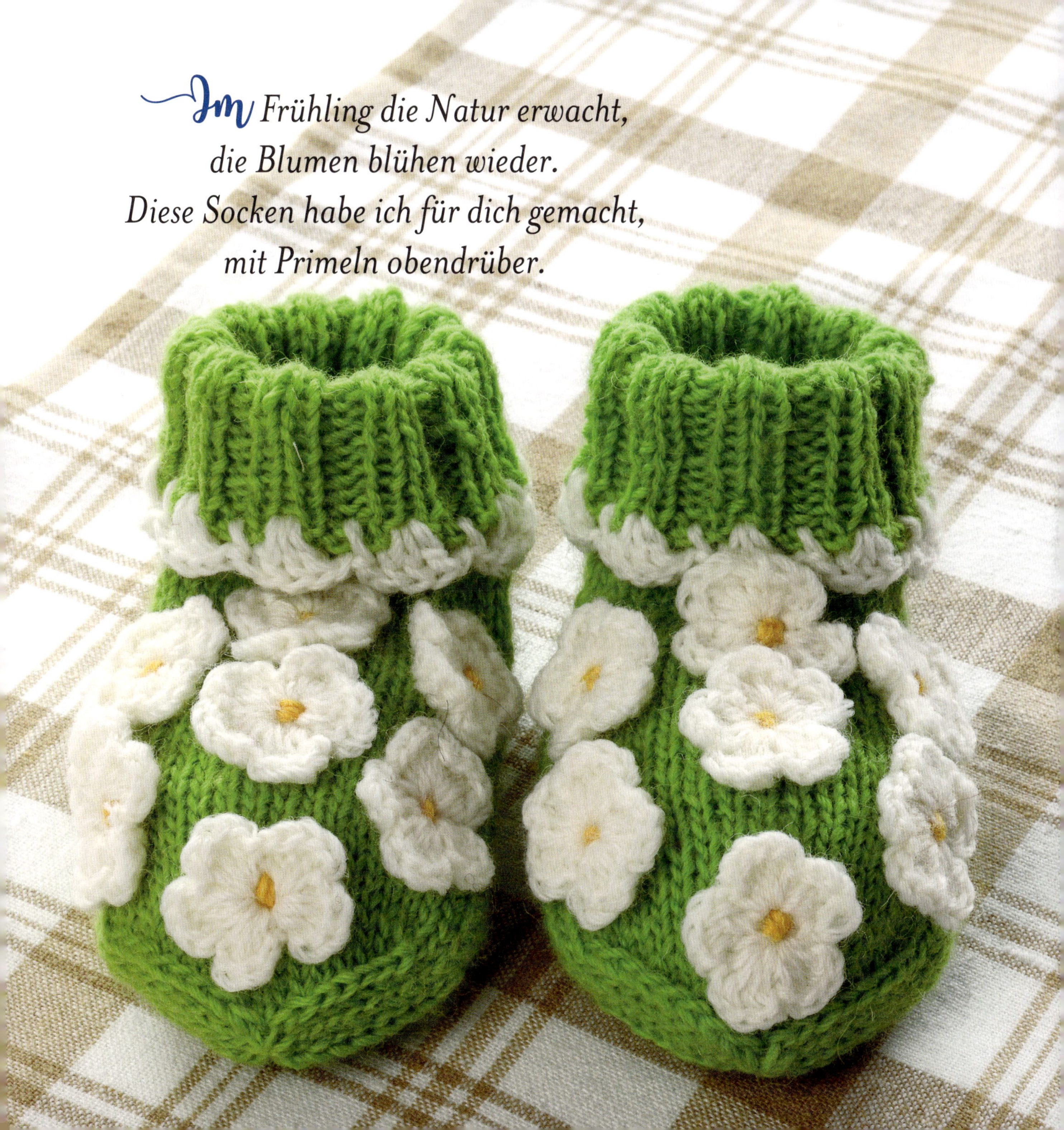

Im Frühling die Natur erwacht,
die Blumen blühen wieder.
Diese Socken habe ich für dich gemacht,
mit Primeln obendrüber.

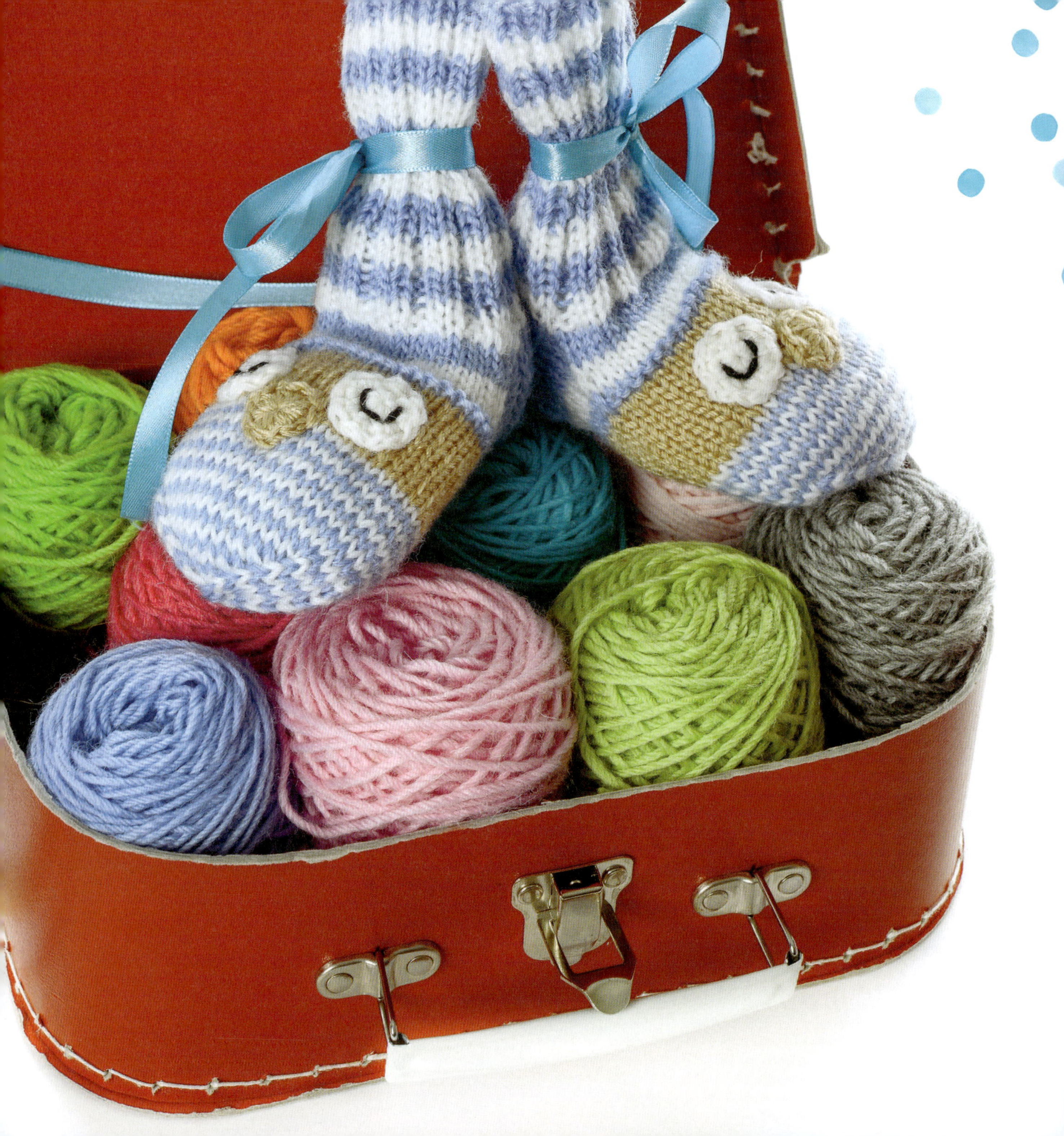

Mein lieber Freund,
zu guter Letzt
möcht' ich dir Danke sagen jetzt,
dass du mein Buch gelesen hast –
ich hab mit Frohsinn es verfasst.
Es hat mir Spaß gemacht zu schreiben
und Gedichte dazu zu reimen.
Nun hoff ich, es mag bringen dir
noch lange Freude, so wie mir.

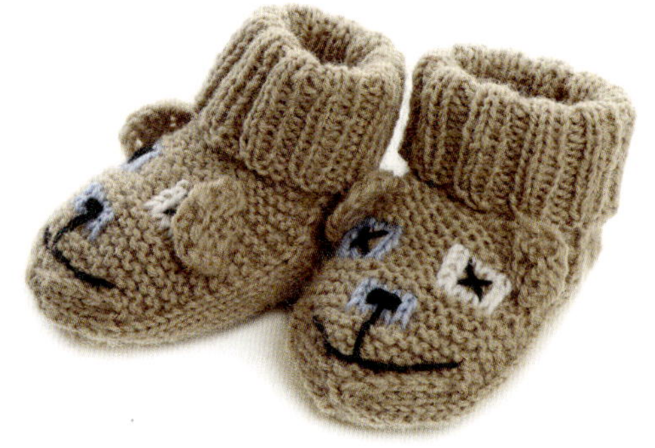

Dank

Vielen Dank an Anna Rantanen und Päivi Ylöstalo vom Moreeni-Verlag.

Danke an Fotografin Ritva Tuomi für die schönen Fotos.

Danke an Grafikdesignerin Sini Nihtilä für Satz und Layout.

Danke an Satu-Maaria Mäkipuro für die Unterstützung.

Danke an meine Kinder.

Danke auch an meine Freundin Taina Virtanen.